Inhaltsverzeichnis

Inhaltsverzeichnis

mmmhh Lecker

Landhaus-Team GmbH
Ihr Rezepteshop aus dem Norden

Leckere Brote für Sie …

aus dem Thermomix – A bis M

BAND 1

Freunde des Thermomix

Impressum

Erscheinungsdatum: Januar 2015 · 2. Auflage
Herausgeber und Copyright: Landhaus-Team GmbH
Alte Dorfstraße 49 · 24623 Großenaspe
Tel.: 04327-145928 · E-Mail: info@landhaus-team.de
www.landhaus-team.de
Autorin: Angelika Willhöft
Titel: Leckere Brote für Sie aus dem Thermomix (A bis M)
ISBN: 978-3-944531-32-8
Druck: Druckerei Billig, Mittweida
Verlag: Landhaus-Team GmbH

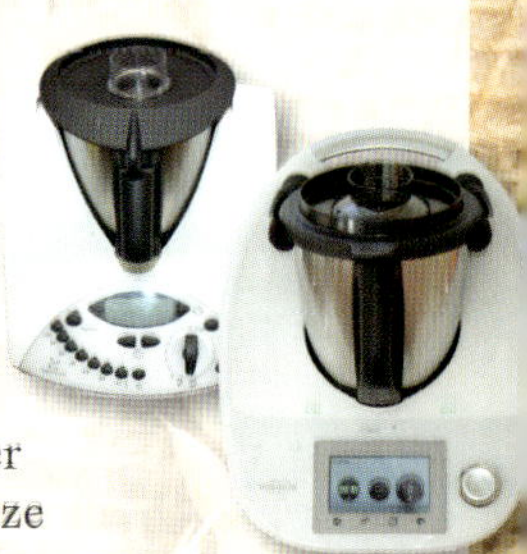

Abkürzungen

= Linkslauf zuschalten	kg = Kilogramm	TL = Teelöffel
= Linkslauf abschalten	Pr. = Prise	MB = Messbecher
Sek. = Sekunden	gr. = groß	Msp. = Messerspitze
Min. = Minuten	kl. = klein	TK = tiefgekühlt
St. = Stück	gem. = gemahlen	veggie = vegetarisch
g = Gramm	P. = Päckchen/ Packung	
	EL = Esslöffel	

Bitte beachten Sie stets die Anwendungs- und Sicherheitshinweise in der Gebrauchsanleitung Ihres Thermomix.

Liebe Freunde der Thermomix-Küche,

mit den vorliegenden Rezepten möchten wir Sie einladen, sich, Ihre Familie und hin und wieder ein paar Gäste mit abwechslungsreichen Leckereien zu verwöhnen. Denn was kann leckerer schmecken als Selbstgemachtes?! Unsere Rezepte sind für den TM 5, TM 31 und auch für den TM 21 geeignet. Unsere persönlichen langjährigen Erfahrungen möchten wir gern mit Ihnen teilen. Deshalb wünschen wir Ihnen viel Spaß und kreative Ideen beim Zubereiten unserer Suppen-Kreationen.

Viel Spaß mit den Rezepten
wünscht Ihnen Ihr Landhaus-Team

Inhaltsverzeichnis

3 Sorten Mehl-Joghurtbrot

Melanie Heide

Zutaten

400 g Weizenmehl
100 g Dinkelmehl
100 g Roggenmehl
150 g Joghurt
½ Würfel Hefe
1 Pr. Zucker
1 gehäufter TL Salz
220 g lauwarmes Wasser

Alle Zutaten in den Mixtopf geben und **3 Min./Stufe 3** verkneten. Den Teig 30-40 Minuten im Mixtopf gehen lassen. Anschließend nochmals **3 Min./Stufe 4** durchkneten. Spatel zur Hilfe nehmen. Sofort als Zwirbelbrot auf ein mit Backpapier ausgelegtes Backblech geben und 60 Minuten bei 200°C-220°C backen.

Altdeutsches-Landbrot

Mechthild Bogoslaw

Zutaten

125 g Roggen
125 g Dinkel
400 ml lauwarmes Wasser
300 g Brotmehl Type 1050
½ Würfel Hefe
1 ½ EL Balsamicoessig
2 TL Salz
¼ TL Scharbziger Klee
3 EL Sonnenblumenkerne
1 EL Sesam
1 EL Leinsamen

Getreide **1 ½ Min/Stufe 10** mahlen. Restliche Zutaten, außer Körner, beigeben und **3 Min./Brotstufe** kneten. 20 Sek. vor Ablauf der Zeit die Körner durch die Deckelöffnung zugeben. Teig in eine Schüssel füllen und 30 Min. gehen lassen. Danach noch mal von Hand durchkneten. Einen Laib formen und auf ein mit Backpapier ausgelegte Blech legen. Den Backofen auf 250°C vorheizen und das Brot darin 20 Min. backen. Temperatur auf 200°C zurückschalten und weitere 30 Min. backen.

ANMERKUNG: Statt nur Wasser kann man auch halb Wasser und halb Buttermilch nehmen. Wenn man 2 gekochte, fein geriebene Kartoffeln zu dem Teig gibt, schmeckt das Brot noch besser!!!

Baguette aus Hartweizengrieß

Birgit Götz

Zutaten

125 g Hartweizengrieß
450 g Mehl Type 405
500 ml Wasser
40 g fr. Hefe
(oder 2 P. Trockenhefe)
10 g Salz
1 Ei

Vom Wasser ca. halben MB voll zurückbehalten und Hefe darin auflösen. Übriges Wasser und Salz zum Kochen bringen (ca. **7 Min/100°C/Stufe 1**). Dann Grieß dazugeben und kurz verrühren **(St. 1-2)**. Grieß quellen und erkalten lassen. Ganz wichtig! Gries vor der weiteren Verarbeitung mit dem Spatel auflockern, sonst tut der Thermomix gar nix. Die Masse ist zu fest! Anschließend Mehl, Hefe und Ei dazugeben und ca. **2 Min./Brotstufe**, ggf. mit Hilfe des Spatels kneten. ca 30 Sek. vor Programmende ein bisschen Mehl dazu geben um den Teig besser aus dem Thermomix zu bekommen. Teig dann aufs Backblech geben, mit einem Handtuch abgedeckt. Ca. 1 Std. gehen lassen. Nach Ablauf der Zeit Teig zu 3 Baguettes formen. Dann nochmals 30 Min. gehen lassen. Je nach Belieben kann man auch Baguette-Zöpfe machen und mit Sesam, Salz, Kümmel oder Mohn verfeinern. Dazu die Baguettes mit ein wenig Wasser vorher bepinseln damit es besser hält. Anschließend 20 bis 25 Minuten bei 200°C goldgelb backen.

Baguette aus Ibiza

Daniela Babilon

Zutaten

500 g Weizenmehl
1 TL Zitronensaft
1 TL Zucker
10 g Hefe
2 TL Salz
300 g Wasser
10 g Butter

Alles **5 Min./Brotstufe** oder **Stufe 3-4** verkneten. 1 Stunde ruhen lassen. Teig halbieren oder dritteln, viereckig ausrollen, von der kurzen Seite aufrollen mit der Falz nach unten auf das Backblech legen, einschneiden und nochmals, ¾ Stunde ruhen lassen. Backofen vorheizen auf 250°C. Eine Schale Wasser in den Ofen stellen. Backofen auf 200°C runterstellen und ca. 25-30 Minuten backen.

Baguette aus Weizen oder Dinkel

Susanne Linzner

Zutaten

- 500 g Weizen- oder Dinkelmehl
- 1 gestr. TL Zucker
- 1 TL Margarine
- 10 g Salz
- 10 g Hefe
- ca. 300 ml warmes Wasser

Alle Zutaten in den Mixtopf geben und ca. **3 Min./ Brotstufe** kneten. Im Topf 30 Min. gehen lassen. Anschließend nochmals ca. **1-2 Min.** verkneten. Zu Baguettebrote formen und nochmals zugedeckt auf dem Blech gehen lassen. In den Backofen auf der mittleren Schiene bei 200°C - 220°C ca. 25-30 Min. backen. 10 Min. vor dem Backende einschneiden und mit Wasser besprühen und mit Körnern bestreuen.

Baguette nach Christos Art

Nicole Sell

Zutaten

- 320 g Wasser
- 1 Schuss Olivenöl
- 2 TL Salz
- 1 Würfel Hefe
- 500 g Mehl
- ½ Zwiebel
- ca. 100 g Schafskäse oder Feta

Wasser, Öl, Hefe und Salz kurz auf **Turbo** vermischen. Mehl zugeben und **1 ½ Min./Brotstufe** verkneten. Teig entnehmen und 2 Baguettes formen. Zwiebel bei **Stufe 5** aufs laufende Messer fallen lassen. Schafskäse zugeben und beides verrühren. Baguettes zu Rechtecken formen und Schafskäsemasse verteilen, einschlagen und einrollen. 15 Min. bei 50°C gehen lassen, dann ca. 20 Min. bei 200°C backen.

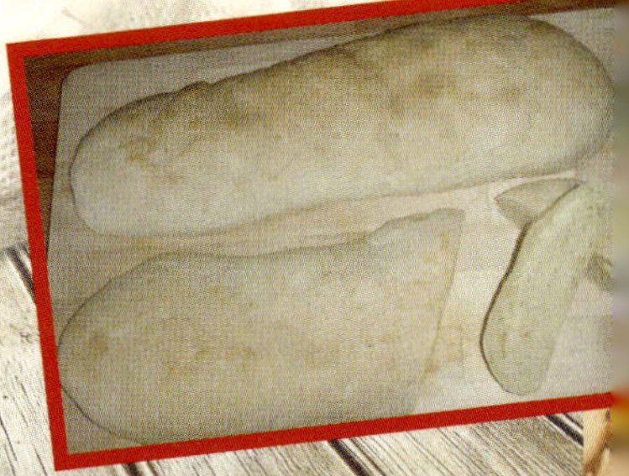

Baguette-Straßbourger Art

Nicole Jäkel

Alle Zutaten im Mixtopf **2 Min./Brotstufe** kneten und ca. 30 Min. an einem warmen Ort gehen lassen. Nach dem Gehen nochmals kneten. Klebt der Teig, noch etwas Mehl zugeben. Hat er die richtige Konsistenz, wird der Teig gedrittelt und jedes Drittel zu einem nicht zu dünnen Fladen von ca. 20 x 40 cm ausgerollt. Diese von der Längsseite her locker aufrollen und auf ein mit Backpapier belegtes oder gefettetes, mit Mehl ausgestreutes Blech legen. Jede Rolle schräg einschneiden. Noch einmal 20-30 Min. abgedeckt gehen lassen. Mit Salzwasser bepinseln und in den auf 220°C vorgeheizten Ofen legen. 25 Min. backen und nach 15 Min. noch einmal mit Salzwasser bepinseln.

Zutaten

- *650 g Mehl (Type 405 oder 1050)*
- *1 TL Zucker*
- *1 Würfel Hefe*
- *1 TL Salz*
- *500 ml Wasser*

Baguettestangen

Nicole Jäkel

Alle Zutaten in den Mixtopf geben und **2 Min./ Brotstufe** verkneten. Teig in 3 Stücke teilen und Baguettes daraus formen. Mit einem Messer mehrfach einschneiden und mit etwas Milch bepinseln. Die Baguettes 30 Minuten an einem warmen Ort gehen lassen und anschließend 20 bis 25 Minuten bei 200°C goldgelb backen. Noch heiß mit Wasser besprühen.

ABWANDLUNG: Für Zwiebelbaguette zusätzlich ½ MB Röstzwiebeln unter den Teig kneten.

Zutaten

- *500 g Weizenmehl Type 550*
- *1 Tüte Trockenhefe*
- *1 TL Zucker*
- *50 g Butter*
- *100 g Milch*
- *200 g Wasser*
- *1 TL Salz*

Bananenbrot

Birgit Götz

Margarine leicht erwärmen (Mikrowelle). Backofen auf 180°C (160°C Heißluft) vorheizen. Bananen klein brechen und **5 Sek./Stufe 5** mixen. Alle anderen Zutaten in den Mixbecher geben und **2 Min./ Brotstufe** mit Hilfe des Spatels zu einem Teig verarbeiten (**oder 2 Min./Stufe 4**). Eine Brot- oder Kastenform einfetten und mit den Semmelbröseln ausstreuen. Teig einfüllen und im vorgeheizten Backofen ca. 40 Min. backen. Danach noch weitere 10 Min. im ausgeschalteten Zustand abkühlen lassen.

Zutaten

- 120 g Butter
- 5 Bananen (sehr reif)
- 250 g Zucker
- 500 g Mehl
- 1 P. Backpulver
- 1 EL Margarine
- 1 EL Semmelbrösel

Bananenbrot mit Erdnüssen

Marie-Luise Müller

Erdnüsse in den Mixtopf und **2-3 mal** die **Turbotaste** drücken, dann umfüllen. Weizen auf **1,5 Min./Stufe 10** fein mahlen, im Topf lassen. Dazu die restlichen Zutaten geben (die Bananen in großen Stücken) und auf **40 Sek./Stufe 5** verrühren (die Bananen müssen ganz vermust sein). Zum Schluss die Erdnüsse dazugeben und nochmals ein paar Sekunden auf **Stufe 3-4** unterrühren. In eine kleine, gefettete Kastenform füllen und bei 180°C ca. 50-60 Minuten backen. Evtl. abdecken, da der Kuchen schnell braun wird.

Zutaten

- 100 g Erdnüsse
- 175 g Weizenvollkornmehl
- 100 g Weizenmehl Type 405
- 1 P. Backpulver
- 1 TL Zimt, gemahlen
- 75 g brauner Zucker
- 3 große Bananen
- Saft ½ Zitrone
- 2 Eier
- 2 EL Öl

Bananenbrot mit Wallnüssen

Sabrina Haas

Butter auf Raumtemperatur bringen. Backofen auf 180°C (160°C Heißluft) vorheizen. Nüsse **30 Sek./Stufe 10** mahlen. Bananen **7 Sek./Stufe 5** zerkleinern. Butter in grobe Stücke teilen, mit allen anderen Zutaten in den Mixtopf geben und **2 Min./Brotstufe** mit Hilfe des Spatel zu einem Rührteig verarbeiten. Eine Kastenform fetten und mit Semmelbrösel ausstreuen, den Teig einfüllen und im vorgeheizten Ofen 40 Min. backen. Danach nochmals 10 Min. im ausgeschalteten Ofen abkühlen lassen.

Zutaten

- 120 g Butter
- 120 g Walnüsse
- 5 Bananen
- 120 g Zucker
- 500 g Mehl
- 1 P. Backpulver
- Rosinen nach Wunsch
- 1 EL Butter
- 1 EL Brösel

Bärlauchbrot

Sandra Huber

Alle Zutaten **3 Min./Brotstufe** verkneten, im Mixtopf ca. 50 Min. gehen lassen. Nochmals **20 Sek.** durchkneten; nochmals 50 Min. gehen lassen. Brot im Gärkörbchen formen, gehen lassen, mit Wasser bestreichen, kreuzförmig einschneiden und in den vorgeheizten Backofen schieben. Ca. 10 Min. 230°C und dann ca. 45 Min. 190°C backen.

Zutaten

- 200 g Weizenvollkornmehl
- 300 g Weizenmehl Type 550
- 250 g Roggenvollkornmehl
- 1 Würfel Hefe
- 1 P. Fertigsauerteig
- 4 EL Körner nach Belieben
- ½ l Wasser (nach Bedarf mehr oder weniger)
- 2-3 EL Bärlauchpaste
- 1 TL Salz
- 1 Handvoll Bärlauch (sehr fein geschnitten)

Barmbeker Dinkelbrot

Hannelore Schreiber

Die Zutaten in den Mixtopf füllen und **1 ½ Min./ Brotstufe** zu einem Teig kneten. Teig in eine gefettete, mit Leinsamen ausgestreute Kastenform geben, mit Sonnenblumenkernen bestreuen, in den kalten Backofen geben, bei 200°C Ober-Unterhitze, ca. 35-45 Min. backen.

ANMERKUNG: Nach dem Kneten 1 EL Sonnenblumenkerne **45 Sek./Brotstufe** untermixen. Gibt nochmals einen besonderen Geschmack!

Zutaten

- 100 g Dinkel
- 1 TL Salz
- 1 TL Zucker
- 1 TL Brotgewürz
- 300 g Weizenmehl
- ½ Würfel Hefe
- 320 ml lauwarmes Wasse

Basilikumbrot

Claudia Klorer

Zutaten

- 40 g Basilikumblätter
- 40 g Sonnenblumenöl
- 1 Würfel Hefe
- 400 g Milch
- 700 g Mehl
- 1 ½ TL Salz
- 1 Pr. Zucker

Basilikum **5 Sek./Stufe 5** zerkleinern. Öl, Milch und Hefe zugeben und **30 Sek./Stufe 3** vermischen. Restliche Zutaten zugeben und **3 Min./Brotstufe**, mit Hilfe des Spatels zu einem Teig verarbeiten und ca. 40 Min. im Mixtopf gehen lassen. Anschließend **1 Min./Brotstufe**, mit Hilfe des Spatels durcharbeiten und den Teig zu einem Brot formen. Auf ein gefettetes Backblech setzen und ca. 15 Min. gehen lassen. Bei 180°C ca. 40 Min. backen.

Basler Landbrot

Claudia Klorer

Alle Zutaten in den Mixtopf geben und **2 Min./ Brotstufe** zu Teig verarbeiten. Den Teig an einem warmen Ort ca. 30 Min. gehen lassen. Dann nochmals durchkneten, zu einer Kugel formen und diese auf ein Backblech legen. Mit der Hand auf etwa 20 cm Durchmesser flach drücken und nochmals 15 Min. gehen lassen. Anschließend bei 220°C ca. 1 Stunde backen.

Zutaten

250 g Mehl Type 405
250 g Mehl Type 1050
1 TL Zucker
1 Würfel Hefe
2 TL Salz
3 MB lauwarmes Wasser

Beschwipstes Weihnachtsbrot

Tanja Braff

Äpfel grob raspeln. Mit Zucker, Rosinen, Obstler oder Korn, Haselnüssen, Mehl, Backpulver, Kakao, Salz, Stollengewürz, Vanillezucker, Dosenmilch **2-3 Min./ Brotstufe** verkneten. Entweder in eine gefettete Kastenform füllen oder einen Laib formen; den direkt aufs Blech legen. Ca. 1 Stunde, mittlere Schiene, 200°C backen. Geht super auf dem Pizzastein!

Zutaten

500 g Äpfel
150 g Zucker
175 g Rosinen
½ Schnapsglas Obstler oder Korn
150 g ganze Haselnüsse
350 g Mehl
1 P. Backpulver
15 g Kakao
1 Pr. Salz
1-2 TL Stollengewürz
1 P. Vanillezucker
2-3 EL Dosenmilch

Blumentopfbrot

Sandra Huber

Zutaten

- 60 g Weizen
- 340 g Weizenmehl
- 1 TL Salz
- 1 P. Hefe
- 1-2 TL Brotgewürz
- 1 Pr. Zucker
- 260 ml lauwarmes Wasser
- 2 EL Öl

Weizen in den Mixtopf geben und **30 Sek./Stufe 10** mahlen, danach die restlichen Zutaten in den Mixtopf geben und **2 Min./Brotstufe** kneten. Den Boden des Tontopfes (billiger Tonblumentopf) von 13 cm Durchmessern mit etwas Alufolie auslegen; den ganzen Tontopf innen mit viel Butter oder Margarine ausstreichen und mit Paniermehl bestreuen. Den Teig in den Topf füllen, mit etwas Wasser glatt streichen und 25 Minuten an einem warmen Ort gehen lassen. 35-40 Min. 200°C backen.

Boskop-Brot

Dagny Waesch

Zutaten

- 650 g Dinkel
- 350 g mürbe Äpfel (Boskop)
- 1 TL Honig
- 50 g Butter
- 1 Würfel Hefe
- 1 TL Meersalz
- 3 MB Wasser
- 2 EL Sesam

Dinkel in 2 Portionen je **1 ½ Min./Stufe 10** mahlen und umfüllen. Apfelstücke und Butter in den Mixtopf geben und **4 Sek./Stufe 6** zerkleinern, dann **6 Min./100°C/Stufe 2** garen und abkühlen lassen. Alle übrigen Zutaten zugeben und **3 Min./Brotstufe** zu Teig verkneten. Eine Kastenform fetten und mit Sesam ausstreuen. Den Teig einfüllen und 30 Min. gehen lassen. Dann bei 200°C ca. 40 Min. backen.

Bosnisches Weißbrot

Anja Lütjen

Alle Zutaten in den Thermomix geben und **3 Min./Brotstufe** zu einem Teig verarbeiten. Ruhen lassen, bis der Teig gut aufgegangen ist (ca. 1 Std.) Dann mit einer Handvoll Mehl noch einmal **1 Min./Stufe 4** kräftig kneten. In eine große, mit Öl ausgestrichene Backform geben, nochmals aufgehen lassen (ca. 1 Std.) und im vorgeheizten Backofen bei 220°C ca. 20 Minuten backen.

Zutaten

- 1 kg Vollkornmehl
- 20 g frische Hefe
- 1 l warmes Wasser
- 1 TL Salz

Brot mit Kürbiskernen

Anja Lütjen

Kürbiskerne **2 Sek./Stufe Stufe 10** zerkleinern und umfüllen. Roggen und Weizen **1 Min./Stufe 8** mahlen. Mehl, Salz und die restliche Zutaten zugeben, **2 Min./ Brotstufe**. Butter mit Hilfe des Spatels zu einem Teig verarbeiten. Honig, Hefe, Wasser, Zucker und gemahlene Kürbiskerne hinzufügen und nochmals durchkneten. Den Teig im Mixtopf ca. 30 Min gehen lassen, nochmals **30 Sek./ Brotstufe** durchkneten, in eine Kastenform füllen, ebenfalls 30 Min. gehen lassen. Anschließend ca. 45-50 Min. bei 200°C backen.

Zutaten

- 50 g Kürbiskerne
- 150 g Roggen
- 150 g Weizen
- 150 g Mehl
- 1 TL Salz
- 1 TL Honig
- 1 Würfel Hefe
- 3 MB Wasser
- ½ TL Zucker
- 50 g Butter

Brotkuchen

Martina Shawky (Restverwertung)

Den Zucker in den Mixtopf geben und **20 Sek./ Stufe 10** pulverisieren. Eier und Milch dazu und einige Sekunden bei **10 Sek./Stufe 4** vermischen. Eine kleine Kastenform oder eine andere Form, die in den **Varoma®** passt, mit etwas flüssigem Karamell auskleiden und die Milchmischung aus dem Mixtopf hineingießen. Halbierte Muffins oder Kuchenstücke dazugeben. In den **Varoma®** stellen und ca. 45 Min dämpfen.

Zutaten

5 Eier
100 g Zucker
500 ml Milch
flüssigen Karamell für die Form
einige alte Muffins oder harter Kuchen

Brotrolle für Papa lecker gefüllt

Claudia Johannsen

Zutaten

150 g Weizen
250 g Weizenmehl
1 Würfel Hefe
1 TL Salz
½ TL Zucker
2 ½ MB Buttermilch
FÜLLUNG
1 große Zwiebel in Stücken
150 g geräucherten oder gekochten Schinken
100 g Käse (Gouda) in Stücken
Sesam zum Bestreuen

Weizen **1 ½ Min./Stufe 10** feinmahlen. Mit Mehl, Hefe, Salz, Zucker und Buttermilch **2 ½ Min./ Brotstufe** kneten. Den Teig abgedeckt ca. 30 Min. gehen lassen und dann ca. 1 cm dick ausrollen. Die Zwiebel **3 Sek./Stufe 7** zerkleinern. Schinken und Käse zugeben und **20 Sek./Stufe 6** zerkleinern. Die Masse auf dem Teig verteilen und den Teig anschließend aufrollen. Die Rolle mit dem Teigschluss nach unten auf ein Backblech legen, mit Wasser bestreichen und mit Sesam bestreuen. Im vorgeheizten Backofen ca. 40-45 Min. bei 200°C backen.

ANMERKUNG: Die Füllung kann auch mit Paprika, Petersilie und/oder Frischkäse zubereitet werden. Schmeckt warm und kalt!!

Buchweizen-Dinkel-Brot

Susanne Hinterberger

Dinkel in 2 Gängen fein mahlen je **2 Min./Stufe 10.** Alle Zutaten **2 Min./Brotstufe** mit Hilfe des Spatels zu einem glatten Teig verarbeiten. In eine mit Ölsaaten bestreute Kastenform umfüllen. Ca. 1 Std. bei 200°C backen (Ober-/Unterhitze) oder ca. 45 Min. bei 180°C Heißluft.

ANMERKUNG: Dieser Teig ist relativ flüssig, daher die Kastenform. Er lässt sich nicht auf einem Blech zum Brotlaib formen. Schmeckt einfach spitze und ist so gesund und sättigend!

Zutaten

- 400 g Dinkel
- 100 g Buchweizen (nicht mahlen)
- 100 g Leinsamen
- 100 g Sonnenblumenkerne
- 100 g Sesam
- 2 TL Salz
- 2-3 EL Obstessig
- ½ Würfel frische Hefe
- 500 g warmes Wasser

Budi Brot

Hannelore Schreiber

Alle Zutaten **4 Min./Brotstufe** zu einem Teig verkneten. Im Mixtopf 30 Min. gehen lassen und nochmals kurz durchkneten. In eine gefettete Kastenform füllen und im Backofen bei 200°C ca. 60 Min. backen. Kurz vor dem Backen das Brot mit Wasser besprühen.

Zutaten

- 500 g Dinkel (in 2 Portionen fein mahlen)
- 150 g Buchweizenmehl
- 1 TL Salz
- 1 TL Zucker
- 150 g Sesam
- 100 g Sonnenblumenkerne
- 2 EL Essig
- 1 Würfel Hefe
- 500 ml lauwarmes Wasser

Butter-Baguette

Natalie Hohenester

Alle Zutaten in der angegebenen Reihenfolge in den Mixtopf geben und **4 Min./Brotstufe** verkneten. Anschließend 8 längliche Baguettes formen und diagonal mehrmals leicht einschneiden. Auf ein mit Backpapier ausgelegtes Blech legen und ca. 30 Min. gehen lassen. Die Baguette ca. 25 Min. bei 180°C auf mittlerer Schiene backen.

Zutaten

500 g Weizenmehl Type 550
20 g weiche Butter
etw. Zucker
1 TL Salz
1 Würfel Hefe
3 MB lauwarmes Wasser

Buttermilch Baguette

Anja Lütjen

Zutaten

500 g Mehl
1 TL Salz
100 g Butter
250 ml Buttermilch
1 Würfel Hefe
1 EL Zucker

Alles in den Mixtopf geben und **2 Min./Brotstufe** verkneten. 30 Min. gehen lassen, zu Baguettes formen und nochmals 20 Min. gehen lassen und bei 200°C 25 Min. backen.

Buttermilch-Dinkel-Roggenbrot

Evelyn Ruckgaber

Zutaten

400 g Dinkel
250 g Roggen
3 MB lauwarmes Wasser
1 TL Kümmel
2 ½ MB Buttermilch
2 TL Salz
1 P. Trockenhefe
100 g Bio-Roggen-Vollkorn-Sauerteig
1 TL Honig

Dinkel **1 ½ Min./Stufe 10** mahlen, umfüllen. Kümmel und restlichen Dinkel **1 ½ Min./Stufe 10** mahlen und umfüllen. Roggen **1 ½ Min./Stufe 10** mahlen. Restliche Zutaten zugeben und **2 Min./Brotstufe** mit Hilfe des Spatels verrühren. Den Teig im Mixtopf ca. 1 Stunde gehen lassen. Danach **1 Min./Brotstufe** durchkneten und in eine gefettete Zopfform füllen und mit nassen Händen glattstreichen. Noch mal 30 Minuten gehen lassen, mit Wasser bepinseln und anschließend bei 200°C ca. 1 Stunde backen. Nach 30 Min. mit Alufolie abdecken. Sie können auch Körner nach Belieben, z.B. Kürbiskerne etc. unter den Teig mischen.

Buttermilch-Kürbiskern-Brot

Maria Luise Müller

Zutaten

500 g Weizen
500 g Buttermilch
1 Würfel Hefe
1 TL Salz
100 g Kürbiskerne

Weizen auf 2x je **1 Min./Stufe 10** zerkleinern. Lauwarme Buttermilch, Salz und Hefe zugeben und **10-15 Sek./Stufe 4** verrühren. Dann die Kürbiskerne zugeben und **1 Min./Brotstufe** verkneten. Den Teig in eine gefettete Kastenform füllen und 45 Min. bei 200°C backen. Ein Gefäß mit Wasser in den Backofen stellen!

Buttermilch-Würzbrot

Sybille Krebs

Weizen, Dinkel und Roggen nacheinander **1 ½ Min./Stufe 10** mahlen und umfüllen. Das gesamte gemahlene Mehl und die restlichen Zutaten in den Mixtopf geben und **1 Min./Brotstufe** mit Hilfe des Spatels zu einem Teig verarbeiten. Den Teig 1 Stunde im Mixtopf gehen lassen. Dann noch mal **1 Min./Brotstufe** durchkneten. Den Teig in eine Kastenform füllen, glattstreichen und mit Wasser bepinseln. Weitere 30 Min. gehen lassen und dann 1 Std. bei 200°C backen. Die restlichen 30 Min. mit Alufolie abdecken.

Zutaten

- 200 g Weizen
- 1 TL Honig
- 2 TL Brotgewürz
- 3 MB lauwarmes Wasser
- 200 g Dinkel
- 2 ½ MB Buttermilch
- 250 g Roggen
- 2 TL Salz
- 1 Würfel Hefe
- 100 g Bio-Roggen-Vollkorn-Sauerteig

Buttermilchbaguette

Monika Satory

Zutaten

- 500 g Mehl
- 1 TL Salz
- 100 g Butter
- 250 ml Buttermilch
- 1 Würfel Hefe
- 1 EL Zucker

Alles in den Mixtopf geben und **2 Min./Brotstufe** verkneten. Den Teig in eine Schüssel umfüllen und ca. 50 Minuten gehen lassen. Anschließend in 3 Teile teilen. Diese rechteckig ausrollen, zu Baguettes wieder aufrollen und in eine Baguetteform legen. Die Baguette mit etwas Wasser besprühe und schräg einschneiden. Nochmals ca. 15 Minuten gehen lassen. Anschließend ca. 25 Minuten bei 200°C backen.

Buttermilchbrot auf Dagny Art

Dagny Wasch

Kartoffeln im Mixtopf **2 Sek./Stufe 10** zerkleinern. Weizenmehl, Roggenmehl, Hefe, Salz, Essig, Wasser, Buttermilch hinzu, **2 Min./Brotstufe**. Im Mixtopf ca. 30 Min. gehen lassen. Den Teig herausnehmen und einen Laib formen. Mit etwas Mehl bestäuben und mit einem scharfen Messer rautenförmig einschneiden. Den Laib mit einem Handtuch abdecken und gehen lassen bis er sich deutlich vergrößert hat. Den Ofen vorheizen. Eine Schüssel mit Wasser in den Ofen stellen und das Brot bei 250°C 10 Minuten backen. Dann die Temperatur auf 200°C herunterschalten und das Brot zu Ende backen, ca. 30 Min. Es ist gar, wenn es beim Klopfen auf die Unterseite hohl klingt.

Zutaten

100 g gekochte Kartoffeln
500 g Weizenmehl Type 1050
100 g Roggenmehl Type 1150
1 Würfel Hefe
2 geh. TL Salz
1 EL Essig
150 g Wasser
250 g Buttermilch

Buttermilchbrot mit Kümmel

Sabine Wenner

Alle Zutaten im Mixtopf **2 Min./Brotstufe** kneten. Teig ca. 20 Min. im Mixtopf gehen lassen. Nochmals **30 Sek./Brotstufe** durchkneten. Den Teig in eine Form geben und wiederum 15 Minuten gehen lassen. Schälchen mit Wasser in den Ofen stellen. Bei 200°C 30-45 Minuten backen. 10 Min. vor Backzeitende das Brot mit Wasser besprühen, damit es eine bessere Kruste bekommt.

Zutaten

100 g Dinkel
150 g Weizenmehl (Type 1050)
150 Roggenmehl
2 TL Kümmel
½ Würfel Hefe oder
1 Tüte Trockenhefe
1 TL Salz
1 TL Zucker
1 TL Distelöl
300 l lauwarme Buttermilch

mmmhh Lecker

Ciabatta

Evelyn Ruckgaber

Alle Zutaten **3 Min./Brotstufe** verkneten, dann 20 Min. bei 250°C backen.

Zutaten

- 100 g Maismehl
- 300 g Wasser
- 1 P. Hefe
- 1 ½ TL Salz
- 2 EL Olivenöl
- 400 g Mehl

Ciabatta aus Sizilien

Mechthild Bogoslaw

Zutaten

- 500 g Mehl (Type 1050)
- 2 EL Sauerteigpulver
- 1 EL Olivenöl
- 10 g Salz
- 1 TL Zucker
- 350 g lauwarmes Wasser

Alle Zutaten in den Mixtopf geben und **3 Min./ Brotstufe** kneten und 15 Min. gehen lassen. 15 Min auf 200°C backen.

Curry-Baguette indische Art

Karen Wetzke

Alle Zutaten in den Mixtopf geben und **3 Min./ Brotstufe** verkneten. Daraus 3 Brote formen und bei 200°C ca. 20 –30 Min. backen.

Zutaten

- 400 g Mehl Type 405
- 200 g Mehl Type 1050
- 1 Würfel Hefe
- 1 TL Salz
- 1 TL Zucker
- 1 TL Curry
- 1 MS Safran
- ½ Becher Crème fraîche
- 300 ml Milch
- 50 g Butter oder Margarine

Dänisches Franskbröd

Birgit Götz

Milch im Mixtopf auf 37°C erwärmen. Dauer nach Gefühl. Die Butter darin schmelzen. Die Hefe im lauwarmen Wasser etwas auflösen. Das Mehl mit dem Zucker und Salz mischen. Zum Butter/Milchgemisch geben. Ebenso die Hefelösung. **3 Min./Brotstufe** verkneten. Den Teig gehen lassen. Den Backofen auf 200°C vorheizen. Mit leicht bemehlten Händen einen Brotlaib formen. Die Oberseite mit einem Messer einritzen. Das Ei mit Wasser verquirlen. Das Brot damit einstreichen. Den Laib ca. 30 Minuten backen. Um zu prüfen, ob das Brot fertig ist, mit dem Handrücken auf die Brotunterseite klopfen. Wenn es hohl klingt, ist es fertig.

Zutaten

- 150 ml Milch
- 20 g Butter
- 1 Würfel Hefe
- 150 ml Wasser
- 500 g Mehl Type 405
- 1 TL Zucker
- 1 TL Salz
- 1 Ei
- 1-2 EL Wasser

Deftiges Schinkenbrot

Carmen Schwab

Schinken, Petersilie, Schnittlauch durch die Deckelöffnung in den Mixtopf geben und **10 Sek./Stufe 4** zerkleinern und umfüllen. Hefe, Zucker, Wasser, Mehl, Salz und Schmalz in den Mixtopf geben und **2 Min./Brotstufe** kneten. Ca. 20 Sek. vor Ende der Zeit Schinken und Kräuter zugeben und untermischen. Den Teig zu einem Laib formen oder in eine Form geben, kreuzweise einschneiden und mit Wasser bestreichen. Bei 40°C im Backofen etwa 20 Min. gehen lassen und anschließend bei 200°C ca. 30 Min. backen. Eine Schale mit Wasser mit in den Ofen stellen.

Zutaten

- 200 g milder, roher Schinken in Stücken
- 1 Bund Petersilie grob zerkleinert
- 1 Bund Schnittlauch grob zerkleinert
- 40 g Hefe
- 1 TL Zucker
- 3 MB Wasser
- 500 g Mehl Type 405
- 1 EL Salz
- 20 g Schmalz

Deftiges Vollkornweizenbrot

Maria Füssl

Zutaten

- 500 g Weizen
- 10 g Salz
- 10 g Zucker
- 10 g Biskin
- 40 g Hefe
- 4 MB Wasser

Weizen im Mixtopf auf 2x sehr fein mahlen. Die Hefe im lauwarmen Wasser auflösen. Alle anderen Zutaten in den Mixtopf geben und auf **Stufe 1** einschalten. Nun die aufgelöste Hefe durch die Deckelöffnung zugeben und mit dem **Spatel 10-12 Sek.** verrühren. Den Teig in eine gefettete Form geben und mit Dosenmilch bestreichen. An einem warmen Ort (nicht im Ofen) bis zur doppelten Größe gehen lassen. Teig in den auf 250°C vorgeheizten Backofen geben und nach und nach 10 Min. auf 200°C runterschalten und nochmals 30 Min. backen, bis das Brot knusprig und goldbraun ist.

Dillbrot-herzhaft

Nicole Huber

Dill und Zwiebel **3 Sek./Stufe 6** zerkleinern, umfüllen und Topf kurz spülen. Milch, Hefe, Zucker in den Mixtopf geben und **1 ½ Min./ 37°C/Stufe 2** erwärmen. Alle restlichen Zutaten zugeben kurz auf **Stufe 4** verrühren, dann **2 Min./ Brotstufe** verkneten. Den Teig auf eine bemehlte Arbeitsfläche geben und 30 Min. gehen lassen.

Noch mal kurz durchkneten und zu einem Laib formen. Auf ein gefettetes Blech legen und nochmals 15 Min. gehen lassen. Danach den Laib 1 x der Länge nach 1 cm tief einschneiden. Eigelb mit Wasser verquirlen und das Brot damit einpinseln. Im vorgeheizten Backofen ca. 40 Min. bei 225°C Ober-Unterhitze backen. Eine Tasse Wasser mit in den Backofen stellen!!!

Zutaten

- 200 g Roggenmehl Type 1150
- 2 Bund Dill
- 300 g Weizenmehl Type 1050
- 1 Zwiebel
- 1 Würfel Hefe
- 2 TL Salz
- 1 TL Sauerteigpulver
- 4 EL Öl
- 1 TL Zucker
- 1 Eigelb
- 250 ml Milch
- 2 EL Wasser

mmmhh Lecker

Dinkel-Buchweizen-Brot mit Kernen

Brigitte Schneider

Salz, Hefe und Essig, Wasser im Mixtopf **30 Sek./37°C/Stufe 2** verrühren und auflösen. Dinkel/Buchweizen hinzufügen und **2 Min./Brotstufe** verkneten. Sesam, Sonnenblumenkerne und Leinsamen/ Kürbiskerne hinzufügen und nochmals **30 Sek./Brotstufe** verkneten; je einen EL für die Dekoration zurückbehalten.

Kastenform fetten und mit Haferflocken ausstreuen. Den Teig hineingeben, die restlichen Kerne locker darüber streuen. Form in den kalten Backofen stellen. Bei 220°C Ober- und Unterhitze oder 200°C Umluft (nicht vorheizen) ca. 60 Minuten backen. Brot aus der Form nehmen und auf einem Gitterrost auskühlen lassen.

Zutaten

- 600 g Dinkelmehl
- 200 g Buchweizen gemahlen
- ¾ l Wasser
- 2 TL Salz
- 4 EL Essig
- 1 Würfel Hefe
- 1 Tasse Sesam
- 1 Tasse Sonnenblumenkerne
- 1 Tasse Leinsamen oder Kürbiskerne
- Margarine zum Fetten der Form
- Haferflocken zum Ausstreu

Dinkel-Fladenbrot mit Käse

Kim Falk

Dinkel **1 ½ Min./Stufe 10** zermahlen. Restliche Zutaten zugeben und **1 ½ Min./Brotstufe** kneten und zu einem Teig verarbeiten. Dann auf ein Backblech verstreichen, mit Käse und Sesam bestreuen und bei 180°C 25 Min. backen.

Zutaten

- 150 g Dinkel
- 350 g Mehl
- 1 Würfel Hefe
- 1 TL Salz
- 100 g Wasser
- 1 EL Olivenöl
- Käse
- Sesam

Dinkel-Nussbrot

Kerstin Hagel

Zutaten

- 200 g Dinkel
- 300 g Weizenvollkornmehl
- ½ Würfel Hefe oder 1 Tüte Trockenhefe
- 300 ml lauwarmes Wasser oder Milch
- 1 TL Salz
- 1 TL Zucker
- 100g Haselnüsse oder Walnüsse (ganz)

Dinkel **1 Min./Stufe 10** fein mahlen. Alle Zutaten **3 Min./Brotstufe** kneten; anschließend in eine Kastenform füllen und ca. 15–30 Min. gehen lassen. In den Backofen schieben und 30–40 Min. backen. 10 Min. vor Backende mit Wasser besprühen.

mmmhh Lecker

Dinkel-Roggen-Brot

Kerstin Hagel

Wasser, Hefe, Zucker **30 Sek./37°C/Stufe 2** erwärmen. Restliche Zutaten hinzufügen **3 Min./Brotstufe** vermengen. Den Teig in eine mit Wasser ausgespülte Schüssel füllen und 2 Std. gehen lassen. Anschließend in einer gefetteten Kastenform füllen und dann bei 230°C (Heißluft) 12 Min. backen, Ofen auf 180°C herunterstellen 30 Min zu Ende backen.

Zutaten

- 470 ml Wasser
- 1 Würfel Hefe
- 1 TL Zucker
- 550 g Dinkelmehl Type 1050
- 150 g Roggenmehl Type 1150
- 1 EL Salz
- 2 TL Essig

Dinkelbrot

Carolin Meierhöfer

Zutaten

- 200 g Dinkel
- 50 g Leinsamen
- Sesam o. Sonnenblumenkerne
- 1 P. Trockenhefe
- 300 g Mehl
- 1 TL Salz
- 300 ml Wasser
- 1 TL Zucker
- 1 TL Sauerteigpulver
- 1 EL Essig

Dinkel und Körner **1 ½ Min./Stufe 10** zerkleinern. Restliche Zutaten zugeben und **3 Min./Brotstufe** zu einem Teig verarbeiten. In eine Kastenform geben oder Brötchen formen und bei 200°C Ober-Unterhitze, ca. 35-45 Min. backen

Dinkelbrot hell

Johanna Kost

Sonnenblumenkerne **7 Sek./Stufe 10** zerkleinern und umfüllen. Restliche Zutaten in den Mixtopf geben und **1 ½ Min./Brotstufe** zu einem Teig verarbeiten und im Mixtopf ca. 30 Min. gehen lassen. Anschließend den Teig noch mal **1 Min./Brotstufe** verkneten und in eine gefettete und mit zerkleinerten Sonnenblumenkernen ausgestreute Zopfform füllen. Die Oberfläche mit nassen Händen glattstreichen und wieder 25 Min. gehen lassen. Im vorgeheizten Backofen bei 200°C ca. 40 Min. backen.

Zutaten

- 20 g Sonnenblumenkern
- ½ Würfel Hefe
- 650 g helles Dinkelmehl Type 630
- 400 g Wasser
- 10-20 g Honig
- 1 TL Salz
- 30 g weiche Butter

Dinkelbrot mit Sesam

Gudrun Neumann

Dinkel **1 ½ Min./Stufe 10** zerkleinern. Restliche Zutaten zugeben und **1 ½ Min./Brotstufe** zu einem Teig verarbeiten. In eine Kastenform füllen und eine Tasse Wasser zustellen (gibt eine schöne Kruste) und bei Ober- und Unterhitze 220°C ca. 40-50 Min. backen.

Zutaten

- 250 g Dinkel
- 50 g Leinsamen
- Sesam
- 1 Würfel Hefe
- 250 g Mehl
- 1 TL Salz
- 300 ml Wasser

Dinkelbrot mit Sonnenblumenkernen

Birgit Götz

Den Dinkel in 2 Arbeitsgängen **1 Min./Stufe 10** fein mahlen. Dinkelmehl und alle übrigen Zutaten im Mixtopf **5 Min./Brotstufe** verarbeiten. Teig im Mixtopf ca. 30 Min. gehen lassen. Anschließend in eine Kastenform umfüllen und nochmals 15 Min. gehen lassen. Auf ca. 220°C ca. 20 Min. anbacken und dann auf 190°C runterschalten und noch mal 30 Min. zu Ende backen. Ein Schälchen mit Wasser in den Ofen stellen. Brot ist fertig wenn es hohl klingt.

Zutaten

- *700 g Dinkel*
- *100 g Sonnenblumenkerne*
- *1 Würfel Hefe*
- *1 TL Zucker*
- *1 TL Salz*
- *1 Pr. Pigment*
- *etwas Brotgewürz*
- *550 g Wasser*

Dinkelbrot ohne Gehzeit

Melanie Harter

Zutaten

- *500g Dinkel*
- *1 Würfel Hefe*
- *2 TL Salz*
- *je 50 g Sonnenblumenkerne*
- *Leinsamen und Sesam*
- *½ Liter lauwarmes Wasser*
- *2 EL Essig*

Hefe zerbröseln, Salz darüber geben und mischen (am besten in einer kl. Tupperschüssel mit Deckel hin und her schütteln). Dinkel in 2 Portionen jeweils **1 ½ Min./ Stufe 10** im Thermomix fein mahlen. Beide Portionen in den Mixtopf geben. Je 50 g Sonnenblumenkerne, Leinsamen und Sesam und die aufgelöste Hefe zugeben. Lauwarmes Wasser und Essig darüber geben und **3 Min./Brotstufe** zu einem Teig verarbeiten. In eine gefettete Form geben und in den KALTEN Backofen auf die mittlere Schiene stellen. DAS BROT NICHT GEHEN LASSEN. Ca. 60 Minuten bei 200°C backen. Das Brot aus der Form lösen und evtl. noch 5 - 10 Min. nachbacken.

Dinkelbrot ohne Hefe

Belinda Cardinale

Dinkel in 2 Gängen fein mahlen, **2 Min./Stufe 10.** Alle Zutaten ca. **3 Min./ Brotstufe** verkneten. In eine Kastenform umfüllen und im vorgeheizten Backofen bei 200°C 30-40 Minuten backen.

ANMERKUNG: Das Brot kann man mit verschiedenen Saaten mischen oder ½ TL Brotgewürz hinzufügen, je nach Geschmack. Es lässt sich auch gut einfrieren.

Zutaten

500 g Dinkel
1 P. Backpulver
1 TL Salz
1 TL Zucker
5 MB lauwarmes Wasser

Dunkelbierbrot

Nadja Henneberger

Alle Zutaten **2 ½ Min./Brotstufe** kneten. 25 Minuten im Mixtopf ruhen lassen. Danach **1 Min./Brotstufe** kneten. Teig in eine gefettete, mit Haferflocken ausgestreute Kastenform geben und bei 190°C ca. 25 Minuten im vorgeheizten Ofen backen.

Zutaten

1 Brotbackmischung (Mehrkorn) inkl. Hefe
340 ml Dunkelbier
2 TL Zucker

Easy Brot one & Two

Silke Herrig

Brot 1: Weizen **1 ½ Min./Stufe 10** mahlen. Restliche Zutaten zugeben und **1 ½ Min./Brotstufe** mit Spatel zu einem Teig verkneten. Im Backofen bei 200°C ca. 40 Min. backen.

Brot 2: Sonnenblumenkerne in einer Pfanne rösten. Alle Zutaten im Mixtopf **2 Min./Brotstufe** mit Hilfe des Spatels zu einem Teig verarbeiten. Den Teig in eine Kastenform geben und bei 175°C ca. 1 Stunde backen.

Zutaten für Brot 1

250 g Weizen
250 g Mehl
1 Würfel Hefe
1 ½ TL Salz
300 g Wasser
30 g Sonnenblumenkerne
Sesam etc.

Zutaten für Brot 2

je 125 g Weizen und Roggen
100 g geröstete Sonnenblumenkerne
350 g Weizenmehl Type 1050
80 g Rübenkraut
1 TL Salz
1 Würfel Hefe
1 Becher Buttermilch

mmmhh Lecker

Einfaches Brot das jeder kann…

Katja Hoscheidt

Zutaten

200 g Dinkel oder Roggenmehl
300 g Weizenmehl Type 405
1 TL Salz
½ Würfel Hefe
3 ½ MB lauwarmes Wasser

Alle Zutaten in den Mixtopf geben; **3 Min./ Brotstufe** verkneten. In eine kleine gefettete Kastenform füllen und bei 50°C im Backofen 20 Min. gehen lassen. Herd auf 200°C hochschalten und noch ca. 40 Min. backen.

Einfaches Hausbrot

Tanja Pitz

Zutaten

700 g Mehl
1 Würfel Hefe
1 EL Salz
500 g Wasser

Alle Zutaten in den Thermomix geben, **3 Min./ Brotstufe**. In einer Kastenform füllen und in den kalten Ofen stellen, ca. 45-60 Minuten bei 220°C backen. 5 Min. vor Backzeitende mit Wasser besprühen, dann wird die Kruste schöner. Eine kleine Schale Wasser mit in den Ofen stellen.

ANMERKUNG: Das ist die ganz schnelle Variante ohne gehen lassen. Wenn es lockerer werden soll, dann ca. 30 Min. im Mixtopf gehen lassen und nochmals **1 Min./Stufe 2** durchkneten. Das Brot ist dann am gleichen Tag sehr lecker. Aber am nächsten meistens etwas trocken. Man sollte es in eine Plastiktüte aufbewahren; dann wird es nicht so bröselig.

mmmhh Lecker

Essigbrot aus dem Zaubermeister

Hannelore Schreiber

Dinkel **1 ½ Min./Stufe 10** mahlen, restliche Zutaten dazugeben und **2 Min./Brotstufe** kneten. In eine gebutterte runde Form geben und nochmals 30 Min. gehen lassen. Mit Wasser bepinseln. Bei 200°C 40 Min. backen.

Zutaten

250 g Dinkel
400 g Weizenmehl
1 Würfel Hefe
2 TL Salz
1 TL Zucker
1 EL Öl
2 EL Essig
4 MB lauwarmes Wasser

Fettgebackene Französische Chichis

Ute Grimme

Wasser und Salz bei **100°C/Stufe 1** erhitzen. Mehl hinzufügen und bei **Stufe 6** so lange verrühren, bis ein gleichmäßiger Teig entsteht. Nun Stangen oder Kreise formen und in heißem Fett backen bis sie hellgelb sind.

Zutaten

200 g Mehl
200 g Wasser
½ TL Salz

Flachland-Toast

Johanna Kost

Alle Zutaten in den Thermomix geben und **2 Min./Brotstufe** verkneten (Spatel zur Hilfe nehmen). In eine große Kastenform füllen und ca. 30 Min. im Backofen bei 50°C gehen lassen. Backofen auf 200°C hochschalten und ca. 30 Min./ Umluft backen. Kurz vor Ende Brot mit Wasser besprühen, gibt eine herrliche Kruste.

Zutaten

- 500 g Mehl Type 405
- 1 EL Zucker
- 1 Würfel Hefe
- 1 TL Salz
- 100 g weiche Butter
- 200 ml Wasser

Flachswickel

Andrea Carriero

Einen Hefeteig herstellen (s. diverse Rezepte). Den Teig 30 Min. gehen lassen und anschließend lange Teile ausrollen, ca. 20 cm lang die an den Enden dünn auslaufen. In Zimtzucker wenden und zusammen drehen. Auf 2 Backbleche, die mit Backfolie ausgelegt sind, geben und diese nochmals 15 Min. gehen lassen. Bei 200°C/Umluft 180°C ca. 15 bis 20 Min. backen.

Zutaten

- 250 g Margarine
- 2 Eier
- 500 g Mehl
- 1 Pr. Salz
- 1 Würfel Hefe
- 5 EL Milch

Fladenbrot mit Dinkel

Sandra Huber

Dinkel **1 ½ Min./Stufe 10** zerkleinern. Restliche Zutaten zugeben und **3 Min./Brotstufe** verkneten. Sechs Fladen formen, mit Butter bestreichen und mit Sesam bestreuen und ca. 25 Min. gehen lassen. Dann 20 Min. bei 200°C backen.

Zutaten

100 g Dinkel
400 g Mehl
1 TL Salz
1 Würfel Hefe
350 ml warmes Wasser
Butter
Sesam

Fladenbrot mit Kräuter-Frischkäse

Kerstin Hagel

Zutaten

300 g Mehl
1 TL Salz
1 P. Trockenhefe
125 g lauwarmes Wasser
200 g Frischkäse
mit Kräutern
ZUM BESTREUEN:
Sesamkörner

Hefe in lauwarmen Wasser auflösen, alles in den Mixtopf füllen **3 Min./Brotstufe** zu einem Teig verarbeiten. In eine Schüssel füllen und 30 Min gehen lassen. Ofen auf 200°C vorheizen. Auf einem mit Backpapier ausgelegtes Backblech zu einem flachen Fladen drücken, Oberfläche rautenförmig einritzen und mit Salzwasser bepinseln. Dann mit Sesam bestreuen und 25-30 Min. backen.

Fladenbrot mit Maismehl

Zutaten

350 g Weizenmehl 405
100 g Maismehl
1 TL Salz
1 EL Honig
2 EL Öl
½ Würfel Hefe
250 ml lauwarmes Wasser
125 g Raclettekäse
2 Chilischoten entkernt

Weizenmehl, Maismehl, Salz, Honig, Öl, Hefe und das Wasser im Mixtopf **3 Min./Brotstufe** verarbeiten; Gehen lassen (entweder im Mixtopf oder in einer abgedeckten Schüssel). Die Teigmenge halbieren. Auf einer leicht bemehlten Fläche zu etwa 2 cm dicken Fladen ausrollen. Die beiden Fladen auf ein Blech mit Backpapier legen. Nochmals kurz gehen lassen. Leicht mit Öl bestreichen. Mit dem geriebenen Raclettekäse bestreuen. Die kleingeschnittenen Chilischoten ebenfalls auf die Fladen geben. Im vorgeheizten Backofen bei 200°C auf der untersten Schiene 20-30 Minuten backen.

Fladenbrot mit Sauerteig

Cornelia Amann

Zutaten

500 g Weizenmehl Type 550
1 Würfel Hefe
2 EL Olivenöl
1 TL Trockensauerteig
1 TL Salz
1 Pr. Zucker
230 ml Wasser

Alle Zutaten in den Mixtopf geben und **2 Min./Brotstufe** kneten lassen. Zu einem Fladen formen und auf einem mit Backpapier ausgelegten Backblech ca. 30 Min. gehen lassen. Dann bei 200°C 20-30 hellbraun backen.

ANMERKUNG: Teigling lässt sich gut einfrieren. Dann nur aus dem Frost nehmen und backen.

Fladenbrot vom Blech

Johanna Kost

Alle Zutaten in den Mixtopf geben und **2 Min./ Brotstufe** zu einem Teig verarbeiten. Auf einem Backblech mit Backpapier einen Fladen herstellen. Ca. 30 Minuten gehen lassen. Mit Olivenöl besprühen und mit Sesamkörnern bestreuen. Dann ca. 20 Minuten bei 200°C hellgelb backen.

Zutaten

- 500 g Weizenmehl Type 550
- 30 g Hefe
- 2 EL Distelöl
- 1 TL Sauerteig
- 1 TL Salz
- 1 Pr. Zucker
- ca. 250 ml Wasser

Fladenbrot zum Füllen

Claudia Johannsen

Zutaten

- ¼ l Milch
- 1 EL Zucker
- ½ Würfel Hefe
- 500 g Mehl
- 1 EL Salz
- 2-3 EL Butter

Milch, Zucker und Hefe **2 Min./37°C/Stufe 2** kneten. Mehl, Salz, Butter zugeben, **2 Min./ Brotstufe**. 30 Min. gehen lassen, in 8 gleichgroße Stücke teilen, zu Fladen ziehen und mit Salzwasser bestreiche. Mit Sesam, schwarzem Kümmel oder Kürbiskernen bestreuen. Bei 200°C ca. 25-30 Min backen.

ANMERKUNG: Das Fladenbrot entweder mit Fleisch, Salat oder ähnlichem füllen.

Fladenbrot zur Grillsaison

Claudia Raabe

Zutaten in den Mixtopf geben und **2 Min./ Brotstufe** mit Hilfe des Spatels zu einem Teig verarbeiten. Einen runden Fladen formen. Mulden mit den Fingern eindrücken, ca. 30 Min. gehen lassen. Mit einer Gabel kleine Löcher in den Teig stechen. Mit Olivenöl bestreichen, mit Sesamsamen bestreuen und 20-30 Min. bei 200°C Ober-/ Unterhitze backen.

Zutaten

500 g Mehl Type 405 (es können auch Mehlsorten gemixt werden)
1 Würfel Hefe
50 ml Öl
250 ml warmes Wasser
1 TL Salz
1 Pr. Zucker
Sesamkörner

Französisches Baguette

Claudia Johannsen

Alle Zutaten im Mixtopf **2 Min./Brotstufe** kneten. 30 Min. in einer ausgemehlten Schüssel ruhen lassen. Nicht mehr kneten! Einfach den Teig auf die Arbeitsplatte stürzen und mit einer Teigkarte 3 Stränge abteilen. Auf die gewünschte Länge ziehen, mit einem scharfen Messer tiefe Schnitte schräg setzen. Mit einem Handtuch abdecken und gut 30 Minuten gehen lassen. Backofen vorheizen, eine Schale mit Wasser hineinstellen. Backzeit ca. 25-30 Minuten bei 220°C , je nach Ofen und Knusprigkeit. Zwischendurch immer Wasser in den Ofen sprühen. Das macht das Brot saftig und knusprig. Oder mit Vollmilch eingepinselt, erzielt man auch gute Erfolge. ANMERKUNG: Baguetteback ist eine Weizensauervormischung, inkl. Salz.

Zutaten

500 g Weizenmehl Type 405 oder 550
50 g Baguetteback
20 g Hefe
330 g Wasser

Früchtebrot mit Nüssen

Martina Shawky

Nüsse im Mixtopf mahlen, **30 Sek./Stufe 10**. Restliche Zutaten in den Mixtopf hinzugeben, **3 Min./Stufe 4** verkneten. 15 Minuten ruhen lassen und anschließend in die gefettete Kastenform umfüllen und ca. 90 Min. 180°C backen.

Zutaten

60 g gehackte Mandeln
130 g klein geschnittene Feigen
125 g klein gehacktes Zitronat
125 g gemahlene Hasennüsse
250 g in Rum eingeweichte Rosinen
3 Eier
125 g Zucker
1 P. Vanillinzucker
2 EL Rumwasser von den Rosinen
1 Msp. Zimt
125 g Mehl
1 P. Backpulver

Früchtebrot oriental

Sybille Krebs

Die Trockenfrüchte in ca. 200ml Wasser 1-2 Stunden ziehen lassen. Früchte klein schneiden. Übrig gebliebenes Wasser beiseite stellen. Früchte, Mehle, Hefe und Früchtewasser in den Mixtopf geben und **3 Min./Brotstufe** verkneten. Nüsse hinzufügen und ca. **4 Min./Brotstufe** verkneten; Spatel zur Hilfe nehmen. Teig in eine Kastenform füllen und ca. 1 ½ Std. an einem warmen Ort aufgehen lassen. Anschließend in den vorgeheizten Backofen schieben und bei 180°C 50-60 Min. backen.

ANMERKUNG: Gut verpackt hält sich dieses Brot lange frisch!

Zutaten

Diverse Trockenfrüchte:
- 100 g Trockenpflaumen
- 100 g Trockenbirnen
- 50 g Trockenäpfel
- 100 g Feigen
- 100 g Rosinen
- 180 g Roggenmehl
- 320 g Weizenmehl
- 1 Würfel Hefe
- 300 ml Früchtewasser
- 1 TL Salz
- ½ TL Zimt
- 1 Pr. Nelken gemahlen
- 50 g Nüsse gehackt

Frühstücksbrot

Melanie Harter

mmmhh Lecker

Mehl, Salz und Backpulver in den Thermomix geben. Deckel schließen und **3 Sek./Stufe 4** vermengen. Buttermilch zugeben und auf **3 Min./Stufe 3-4** kneten, solange bis der Teig die gewünschte Beschaffenheit hat. Bei 200°C ca. 1 Std. backen.

Zutaten

500g Mehl Type 405
2 TL Salz
1 P. Backpulver
500 g Buttermilch

Gefüllte Weißbrotrolle

Zutaten

250 g Mehl
½ Würfel Hefe
½ TL Zucker
¾ TL Salz
170 ml Wasser
FÜLLUNG:
150 g Salami
100 g Gouda
1 Ei
1 TL Paprikapulver
1 Pr. Pfeffer

Alle Teigzutaten **3 Min./Brotstufe** verkneten. Teig herausnehmen und zu einem Rechteck ausrollen. Gouda und Salami **4 Sek./Stufe 5** zerkleinern. Die restlichen Zutaten zugeben und **10 Sek./ Stufe 4** mischen. Füllung auf dem Teig verteilen, Teig zusammenschlagen und mit der Naht nach unten in eine Kasten- oder Rehrückenform legen. Mit Eigelb einpinseln und 20 Min. gehen lassen. Bei 190°C 40-50 Min. backen.

Gefülltes Weißbrot

Hannelore Schreiber

Zutaten

250 g Mehl
½ Würfel Hefe
½ TL Zucker
¾ TL Salz
170 ml Wasser
FÜLLUNG
150 g gekochter Schinken
100 g Gouda
1 Ei
1 TL Paprikapulver
1 Pr. Pfeffer

Alle Zutaten ca. **3 Min./Brotstufe** verkneten. Teigmasse herausnehmen und zu einem Rechteck ausrollen. Schinken bei **4 Sek./Stufe 5** zerkleinern, umfüllen. Gouda **20 Sek./Stufe 4** mixen. Zerkleinerten Schinken und die restlichen Zutaten zugeben und bei **10 Sek./Stufe 4** mischen. Füllung auf dem Teig verteilen, Teig zusammenschlagen und mit der „Naht" nach unten in eine Kasten- oder Rehrückenform legen. Mit Eigelb einpinseln und 20 Min. gehen lassen. Bei 190°C ca. 40-50 Min. backen.

Gold Toast

Claudia Johannsen

Zutaten

500 g Mehl Type 405
1 Würfel Hefe
50 g Butter
2 EL Zucker
300 ml Wasser
2 Eigelb
2 TL Salz

Wasser, Butter, Hefe und Zucker **1 1/2 Min./37°/Stufe 2** erwärmen. Mehl, Salz und Eigelb zugeben und alles zusammen **2 Min./Brotstufe** verkneten. Den Teig in eine bemehlte Schüssel geben und 15 Min. gehen lassen. Noch mal kurz mit den Händen durchkneten und in eine gefettete Kastenform geben. Noch mal 15 Min. gehen lassen. Das Teigvolumen sollte sich um ca. 1/3 vergrößern. In den nicht vorgeheizten Backofen geben und bei 190°C Ober-/Unterhitze ca. 50 Min. backen. Dann noch etwa 10 Min. im ausgeschalteten Backofen stehen lassen. Während des Backvorgangs eine Schüssel mit Wasser beistellen!

mmmhh Lecker

Greyerzer Käsebrot

Claudia Johannsen

Butter, Mehl, Milch, Salz und Pfeffer, Zucker in den Mixtopf geben und **6 Min./90°C/Stufe 4** vermengen. Mixtopf verschließen/ **Stufe 3** stellen und die Eier nach und nach einfüllen. Zum Schluss den Greyerzer hinzufügen. Bei 180°C 30-45 Minuten backen.

Zutaten

- 700 g Milch
- 100 g Butter
- 700 g Mehl
- 6 Eier
- 150 g Greyerzer gerieben
- 1 TL Zucker
- Salz & Pfeffer

Grissinis

Birgit Götz

Mehl, Wasser, Hefe, Öl, Salz, Zucker in den Mixtopf geben **2 Min./Brotstufe** verkneten. Den Teig nicht zu dünn ausrollen und in schmale Streifen schneiden. Nun die Streifen etwas verdrehen und Sesam, Mohn oder anderen Körner bestreuen. Auf der oberen Schiene ca. 20 Minuten bei 200°C goldgelb backen. Auskühlen lassen und als Snack servieren. Evtl. mit einem Dipp oder Tzatziki.

Zutaten

- 400 g Mehl
- 2 MB lauwarmes Wasser
- 1 Tüte Trockenhefe
- 2 EL Distelöl
- 1 TL Salz
- 1 Pr. Zucker

Griechische Rolle

Nadine Kuntzemann

Zutaten

TEIG
400 g Mehl
20 g Hefe
2 ½ MB lauwarmes Wasser
1 gehäufter TL Salz
3 EL Öl

FÜLLUNG
1 Knoblauchzehe
1 Tomate
1 rote Paprika
2 EL Olivenöl
1 EL Mehl
Salz & Pfeffer
italienische Kräuter
1 TL Sambal Olek
schwarze Oliven und Fetakäsestückchen

Mehl und Hefe **10 Sek./Stufe 4** verrühren. Wasser, Salz und Öl dazu, **2 Min./Brotstufe** kneten. Den Teig ca. 15 Minuten gehen lassen, dünn ausrollen.

Während der Teig ruht: Knoblauchzehe **3 Sek./Stufe 5** zerkleinern. Tomate und Paprika dazugeben, **3 Sek./Stufe 5** zerkleinern. Olivenöl, Mehl, Salz, Pfeffer, italienische Kräuter, Sambal Olek **5 Min./100°C/Stufe 2** andünsten. Die Mischung kurz abkühlen lassen, dann auf den Teig streichen. Schwarze Oliven und Fetakäsestückchen darauf verteilen. Den Teig von der Längsseite her aufrollen, dünnere Scheiben davon abschneiden und mit Wasser bepinselt. Diese auf ein mit Backpapier ausgelegtes Backblech legen und bei 180°C-200°C ca. 20 Minuten backen.

ANMERKUNG
Alternative Füllung: 1 Bund Oreganoblätter **20 Sek./Stufe 7** zerkleinern, 100 g getr. Tomaten in Öl (abgetropft), 150 g schwarze Oliven dazugeben, **15-20 Sek./Stufe 4**, mit Spatel. 200 g Doppelrahmfrischkäse auf dem Teig verstreichen, diesen salzen und pfeffern, Tomaten-Oliven-Mischung darauf verteilen.

Großer Hans nach Opa Helmuth

Angelika Willhöft

Zutaten

- 500 g Mehl
- 250 g Butter
- 3 Eier
- 2 Tassen Milch
- 1 P. Backpulver
- 200 g Zucker
- 100 g Rosinen

Eigelb, Butter, Zucker, Backpulver und Mehl in den Mixtopf geben und **3 Min./Brotstufe** vermengen. Aus 2 Eiweiß Eischnee herstellen und unter die Teigmasse geben, **20 Sek./Stufe 1.** Teigmasse in einen mit fetten Speck ausgelegten Puddingtopf (verschließbar) füllen, es kann auch eine große Gugelhupfform sein, die man mit einem Tuch zubindet. Wichtig ist nur, dass alles geschlossen ist. 1 ½ Stunden im Wasserbad garen, danach etwas abkühlen lassen und stürzen. Sanft mit Puderzucker bestreuen und servieren. Am besten passt dazu Kirschkompott mit Zimt oder Zwetschgenkompott mit Rum und Zimt. Oder Heidelbeersoße.

Grünkern-Hefe-Brot

Hannelore Schreiber

Zutaten

- 100 g Grünkern
- 200 g Mehl Type 405
- 200 g Mehl Type 550
- ½ Würfel Hefe oder
- 1 Tüte Trockenhefe
- 350 g Wasser
- 2 EL Öl
- 1 TL Essig
- 1 Pr. Salz
- 1 Pr. Zucker

Grünkern in **1 ½ Minuten/Stufe 10** fein mahlen. Ebenfalls die restl. Zutaten in den Mixtopf füllen. Alles **3 Min./Brotstufe** verkneten. Anschließend in eine Kastenform geben und bei 40°C im Backofen 30 Min. gehen lassen. Ofen hochschalten und bei 190°C-200°C 40-50 Min. backen.

ANMERKUNG: Kann noch mit frischen Kräutern verfeinert werden; und als Schnittlauch- Petersilie-Basilikumbrot serviert werden.

Graubrot

Susanne Hinterberger

Weizen und Roggen **1 Min./Stufe 10** schroten. Restliche Zutaten zugeben und **3 Min./Brotstufe** verkneten. Den Teig zu einem Brot formen und bei 220°C Ober-/Unterhitze ca. 40 Min. backen.

Zutaten

- 170 g Weizen
- 10 g Sesamkörner
- 80 g Roggen
- 250 g Mehl Type 405
- 1 Würfel Hefe
- 2 TL Salz
- 300 g Wasser

Guinness Bier Brot

Diese Zutaten mit dem Thermomix **3 Min./Brotstufe** zu einem Teig verarbeiten. Teig in eine Kastenbackform füllen und 45 Min. bei 175°C backen.

Zutaten

- 500 g Mehl
- 1 P. Backpulver
- 1 TL Salz
- ½ TL Zucker
- 1 Flasche Guinness (oder jede andere Sorte Schwarzbier)

Haselnuss-Lebkuchen-Brot

mmmhh Lecker

Sandra Kuqi

Alle Zutaten im Mixtopf **3 Min./Stufe 3** zu einem Hefeteig verarbeiten. Brotteig aus dem Mixtopf nehmen und 100-150 g ganze Haselnüsse von Hand unterkneten. 30 Min. gehen lassen und anschließend nochmals durchkneten. In eine Kastenform füllen und nochmals 30 Min gehen lassen und zum Schluss 40-50 Min. bei 200°C backen. Schüssel mit Wasser mit in den Ofen stellen. Brot kann wegen der besseren Kruste 10 Min. vor Backzeitende mit Wasser besprüht werden.

Zutaten

350 g Dinkelvollkornmehl
100 g Buchweizenmehl
1 TL Lebkuchengewürz
1 TL Salz
200 ml lauwarme Milch
70 g geschmolzene Butter
1 TL Honig
1 Würfel Hefe

Heferollen

Hannelore Schreiber

Zutaten

500 g Mehl
1 Würfel Hefe
1 TL Zucker
230 ml lauwarmes Wasser
50 g weiche Butter
Salz

Alle Zutaten **1 Min./Brotstufe** kneten. 30 Min. gehen lassen. Aus dem Teig 20 Rollen formen, auf ein Backblech (Backpapier) legen, weitere 15 Min. gehen lassen. Dann 30 Min. bei 200°C backen. Erkaltet mit Kräuterfrischkäse bestreichen und mit Schinkenscheiben umwickeln. Mit Pfeffer bestreuen.

Herbstbrot

Sandra Kuqi

Weizen in den Mixtopf geben und **30 Sek./ Stufe 10** fein mahlen. Anschließend klein geschnittene Karotten **10 Sek./Stufe 5** zerkleinern. Apfel ebenfalls **4 Sek./Stufe 5** verarbeiten. Alles zusammen **4 Min./Brotstufe** verkneten lassen. Im Topf gehen lassen und nochmals kurz durchkneten. Teig in eine Brotform füllen und nochmals 15 Min. gehen lassen. Im vorgeheizten Backofen 180°C-200°C 40-50 Min. backen.

Zutaten

- 150 g Weizen
- 200 g Karotten
- 1 säuerlicher Apfel
- 50 g Roggenmehl
- 200 g Weizenmehl Type 1050
- 200 g Weizenmehl Type 405
- 1 Würfel Hefe
- 1 EL Essig
- 2 TL Salz
- 1 TL Zucker
- 1 Pr. Brotwürze
- 1 Pr. Pfeffer
- 30 g gehackte Nüsse oder andere Saaten
- 200 ml Wasser

Herbstliches Kartoffelbrot

Mechthild Bogoslaw

Dinkel **2 Min./Stufe 10** zu Mehl verarbeiten. Kartoffeln kochen und abkühlen lassen (oder übrige Kartoffeln vom Vortag nehmen). Apfel entkernen, schälen und auf **3 Sek./Stufe 4** zerkleinern. Abgekühlte Kartoffeln dazugeben und **3 Sek./Stufe 5** zerkleinern (Spatel zur Hilfe nehmen). Mehl, Salz, Sonnenblumenkerne und Hefe hinzugeben und **3 Min./ Brotstufe** mit Hilfe des Spatels verrühren. Teig in eine Schüssel mit Deckel geben und 1 ½ Stunden gehen lassen. Teig in zwei Kastenformen (oder eine große) geben und 30 Min. gehen lassen; eventuell befeuchten und mit Sonnenblumenkernen bestreuen. Im Ofen bei 220°C ca. 60 Min. backen.

Zutaten

- 300 g Dinkel
- 200 g Weizenmehl
- 500 g mehlig kochende Kartoffeln
- 1 säuerlicher Apfel
- 1 Würfel Hefe
- 200 g Milch
- 200 g Wasser
- 3 EL Butter
- 150 g Sonnenblumenkerne
- 1 geh. TL Salz

mmmhh Lecker

Herzhaftes Speckbrot

Claudia Johannsen

Speck und Zwiebel zerkleinern und mit Öl in der Pfanne andünsten, gut abkühlen lassen. Mehle, Hefe und Wasser in den Mixtopf füllen und **2 Min./ Stufe 4** zu einem geschmeidigen Teig verarbeiten. Umfüllen und ca. 30 Min. gehen lassen, dann in den Backofen schieben und 45 Min. bei 200°C-220°C backen. Ein Schälchen Wasser in den Ofen stellen.

Zutaten

- 100 g durchwachsener Speck
- 1 Zwiebel
- 2 TL Öl
- 1 Würfel Hefe
- 250 g Weizenmehl Type 550
- 250 g Weizenvollkornmehl
- 330 ml lauwarmes Wasser

Hirsefladenbrot

Silvia Luggenhölscher

Zutaten

- 500g Hirse
- 500 g Weizenmehl
- 1 TL Salz
- 2 EL Öl
- 2 MB lauwarmes Wasser
- 1 Würfel Hefe

Hirse **1 Min./Stufe 10** fein mahlen. Die restlichen Zutaten in den Mixtopf geben und **3 Min./Brotstufe** verkneten und umfüllen. Nun alles 1 Std. gehen lassen. Aus dem Mixtopf nehmen und runde Fladen formen und diese dann mit Öl bestreichen. Im vorgeheizten Backofen ca. 10-15 Min. 220°C -Ober-/Unterhitze (Umluft 200°C) backen.

Holstenbrot

Denise Echtner

Zutaten

- 600 g Mehl 405er
- 100 g Roggenmehl
- 2 TL Salz
- 1 Würfel Hefe
- 1 TL Zucker
- ½ l Bier

Alle Zutaten in den Thermomix geben und **3 Min./Brotstufe** zu einem geschmeidigen Teig verarbeiten. Ca. 30 Min. im Topf gehen lassen. Anschließend in eine Kastenform füllen und nochmals 15 Min. gehen lassen. Dann bei 200°C ca. 1 Std. backen. Nach dem Backen mit etwas Bier bepinseln.

Holunderblütenbrot

Zutaten

- 500 g Mehl
- 300 ml Milch oder Buttermilch
- ½ Würfel Hefe oder 1 P. Trockenhefe
- 1 TL Zucker
- 1 TL Salz
- abgerieben Zitronenschale
- 7 große Holunderblüten oder 3 EL getrocknete Blüten

Holunder vorsichtig waschen! Milch, Hefe, Salz, Zitronenschale und Zucker im Mixtopf auf **37°C** erhitzen. Mehl und die Holunderblüten ohne Stiel dazugeben und **3 Min./Brotstufe** zu einem Teig verarbeiten. Dann in eine gefettete Form geben und ca. 1 Stunde abgedeckt gehen lassen. Im Ofen bei 180°C ca. 40 - 45 Minuten backen bis es schön goldbraun und nicht zu dunkel ist.

Honig-Anis-Brot

Claudia Schwarz

mmmhh Lecker

Honig, Milch, Salz, Zucker, Butter und Anis in den Mixtopf geben, **4 Min/90°C/Stufe 3** mixen. Bitte den Spatel zur Hilfe nehmen. Mehl und Natron zugeben und nochmals **10 Sek./Stufe 3** untermischen.. Eier hinzufügen und nochmals **20 Sek./Stufe 4** unterheben. 2 Kastenformen einfetten und mit Paniermehl ausstreuen, Teig auf beide Formen verteilen und ca. 40-50 Min.bei 180°C ca. 45-50 backen.

Zutaten

- 50 g Zucker
- 450 g Honig
- 350 g Mehl
- 1 Tasse Milch
- 1 TL Butter
- 1 TL Anispulver
- 1 TL Natronpulver
- 2 Eier
- Salz

Honigbrot

Maria Füssl

Zutaten

- 750 g Weizenmehl Type 1050
- 1 Würfel Hefe
- 3 EL Honig
- 1 TL Salz
- 300-400 ml lauwarmes Wasser

Die Zutaten in den Mixtopf füllen und **3 Min./Brotstufe** verkneten. Den Teig umfüllen und zugedeckt an einem warmen Ort ca. 30-40 Min. gehen lassen. In eine gefettete Kastenform füllen, nochmals 10 Min. gehen lassen.Bei 200°C im vorgeheizten Backofen 50-60 Min. backen. Vorher das Brot mit Wasser besprühen und eine kleine Schale mit Wasser mit in den Ofen stellen. Dann aus der Form nehmen und nochmals ca. 10 Min. nachbacken. So erhält man eine schöne Kruste.

Husch Husch
Das ganz schnelle Brot

Melanie Harter

Zutaten

100 g Mandeln (mit Haut) gehackt
1 Würfel Hefe (in 450 ml lauwarmem Wasser aufgelöst)
500 g Weizenvollkornmehl (fein gemahlen)
2 TL Salz
2 EL Balsamicoessig,
50 g Sonnenblumenkerne
50 g Kürbiskerne

Alle Zutaten mischen und 3 Minuten kräftig schlagen. In eine gefettete Kastenform geben (evtl. noch Sonnenblumen- u. Kürbiskerne drüberstreuen) und 50-60 Minuten bei 225°C (Umluft 200°C) backen.

ANMERKUNG: Das 3-Minuten-Brot muss nicht gehen. Nachdem man alle Zutaten verrührt hat, sofort in den Ofen schieben.

Hutzelbrot vom Weihnachtsmann

Manuela Buschauer

Zutaten

350 g getrocknete Birnen
10 Feigen
50 g getrocknete Aprikosen
50 g Datteln
4 Eier
150 g Mehl Type 405
½ Tüte Lebkuchengewürz
50 g gehackte Nüsse oder Mandeln
1 TL Zimt
1 TL Ingwer
1 Pr. Salz

Getrocknete Birnen über Nacht in Wasser durchziehen lassen. Diese am nächsten Tag in den Thermomix füllen und **30 Sek./Stufe 4** zerkleinern. Mit den restlichen Zutaten **20 Sek./Stufe 3-4** vermischen. Teig aus dem Topf nehmen und mit feuchten Händen 2 Brote daraus formen. Auf ein Backblech geben und bei 180°C ca. 30-40 Min. backen.

ANMERKUNG: Falls die Früchte zu groß sind, kann man sie vorher **30 Sek./Stufe 4** im Mixtopf zerkleinern.

Italienisches Salvatore Brot

Melanie Hoch

Alle Zutaten in den Thermomix geben und **3 Min./ Brotstufe** verkneten. An einem warmen Ort, zugedeckt 1 Std. gehen lassen. Teig in eine Brot-/ Kastenform umfüllen oder zu einem schönen Brot verarbeiten. Ofen auf 200°C vorheizen. Tasse mit kaltem Wasser in den Ofen stellen. Nach ca. 10 Min. Backzeit die Temperatur auf 170°C reduzieren und ca. 30 Min. zu Ende backen. Brot aus der Form nehmen und mit Wasser besprühen, so erhält man eine schöne glänzende Oberfläche.

Zutaten

- 500 g Mehl Type 405
- 300 ml lauwarmes Wasser
- 2 EL Olivenöl
- 1 TL Salz
- 1 TL Zucker
- 1 Würfel Hefe

Italienisches Hausbrot

Maria Füssl

Zutaten für Kastenformen

- 340 g Weizensauerteig
- 500 g Weizenmehl Type 1050
- 15 g Roggenmalz oder Apfelkraut
- 20 g Hefe
- 250 ml Wasser
- 15 g Salz
- 15 g Olivenöl

Mit allen Zutaten einen etwas weichen Teig bereiten. **2 ½ Min./Brotstufe** kneten lassen. 30 Min. gehen lassen. Teig in einer Kastenformen verteilen und nochmals 15 Min. gehen lassen. Backofen auf 230°C-240°C vorheizen. 20 Minuten bei dieser Temperatur auf der mittleren Schiene backen, danach noch auf 190°C zurückstellen und weitere 20 Minuten backen.

Italienisches Kräuter-Fladenbrot

Manuela Schröder

Alle Zutaten in den Mixtopf geben **2 Min./Brotstufe** verarbeiten. Einen großen runden oder mehrere kleine Fladen formen, auf ein mit Backfolie ausgelegten Blech setzen. Nochmals 15 Min. gehen lassen und mit einer Gabel einstechen. Mit etwas Öl bestreichen und mit italienischen Kräutern bestreuen. Bei 200°C/Umluft 180°C 15-20 Min. backen.

Zutaten

- 350 g Mehl
- 30 g Hefe
- 1 TL Salz
- 200 ml lauwarmes Wasser
- 4 EL Öl
- 1 TL Trockensauerteig
- 1 Pr. Salz
- Italienische Kräuter

Italienisches Weißbrot

Angelika Willhöft

Alle Zutaten ca. **2 Min./Brotstufe** verkneten. Bei 200°C ca. 40 Min. backen.

Zutaten

- 500 g Mehl
- 1 Würfel Hefe
- Schuss Olivenöl
- 1 TL Salz
- 320 g Wasser

Joghurt Wallnuss-Brot

Mechthild Bogoslaw

Weizen und Roggen auf 2x je **1 ½ Min./Stufe 10** mahlen. Restliche Zutaten zugeben, **2 Min./Brotstufe** verkneten. Den Teig in eine gefettete Kastenform füllen, mit Wasser bestreichen und 30 Min. gehen lassen. Dann bei 200°C ca. 1 Stunde backen.

Zutaten

- 250 g Weizen
- 150 g Joghurt
- 100 g Roggen
- 2 MB lauwarmes Wasser
- 1 Würfel Hefe
- 100 g Leinsamen
- 50 g Walnüsse
- 1 TL Salz

Karotten-Joghurt-Brot

Mechthild Bogoslaw

Zutaten

- 150 g Weizen
- 50 g Roggen
- 100 g Karotten
- 200 g Mehl Type 550,
- ½ Würfel Hefe
- 1 TL Zucker
- 1 TL Salz
- 1 Becher Joghurt
- 120 g lauwarmes Wasser
- 50 g Sonnenblumenkerne

Weizen und Roggen **1 Min./Stufe 10** mahlen und umfüllen. Karotten putzen und klein schneiden und **20 Sek./Stufe 6** raspeln. Mehl, Hefe, Zucker, Salz, Joghurt, Wasser, Sonnenblumenkerne und das Weizen/Roggengemisch in den Mixtopf geben und **3 Min./Brotstufe** zu einem Teig verarbeiten. 30 Min. im Mixtopf gehen lassen. In eine bemehlte Kastenform füllen und nochmals 10 Min. gehen lassen. Im vorgeheizten Backofen auf der mittleren Schiene bei 180°C 40-45 Min. backen.

Kartoffel-Apfel-Brot

Marion Hastreiter

Weizen auf **2 x 1 Min./Stufe 10** mahlen und umfüllen. Kartoffeln kochen, pellen, erkalten lassen. Apfel geschält u. entkernt **4 Sek./Stufe 5** zerkleinern und anschließend die Kartoffeln dazugeben, dann **5 Sek./Stufe 4** mixen. Weizenvollkornmehl, Hefe, Milch, Wasser, Öl, Salz, Zucker, Sonnenblumenkerne ebenfalls hinzufügen und 3 Min./Brotstufe verkneten, Spatel zu Hilfe nehmen. In einer Schüssel abgedeckt an einem warmen Ort ca. 2 Std. gehen lassen. In 2 Kastenformen füllen und nochmals 30 Min. gehen lassen. Brote etwas mit Wasser einsprühen und mit Sonnenblumenkernen bestreuen. Bei 220°C ca. 60 Minuten backen.

Zutaten

- 500 g Weizen
- 500 g mehlig kochende Kartoffeln
- 1 säuerlicher Apfel
- 500 g Weizenvollkornmehl
- 1 Würfel Hefe
- 200 ml Milch
- 200 g Wasser
- 3 EL Distelöl
- 1 gehäufter TL Salz
- 1 Pr. Zucker
- 120 g Sonnenblumenkerne

Kartoffel-Haferflockenbrot

Manuela Buschauer

Alle Zutaten in den Thermomix füllen und **3 Min./Stufe 3** verkneten. Ca. 30 Min. gehen lassen und anschließend den Teig in eine Kastenform füllen, diese vorher fetten und mit Haferflocken ausstreuen und nochmals etwas gehen lassen. Dann im Backofen ca. 60 Min. bei 200°C backen.

Zutaten

- 250 g gekochte gestampfte Kartoffeln
- 200 g Mehl
- 150 g Weizenvollkornmehl
- 80 g Haferflocken
- ½ Würfel Hefe
- ½ TL Zucker
- 1 TL Salz
- 150 ml lauwarmes Wasser

mmmhh Lecker

Kartoffel-Roggen Brot
mit Buttermilch

Kerstin Hagel

Alle Zutaten **3 Min./Brotstufe** verkneten oder **3 Min./Stufe 3**. Ca. 30 Minuten im Thermomix gehen lassen. Einen Laib formen; nochmals 15 Min. gehen lassen. Ein Schälchen mit Wasser in den Ofen stellen und ca. 10 Minuten bei 250°C backen. Brot mit Wasser besprühen. Backofen auf 200°C runterstellen und ca. 30 Min. weiterbacken.

Zutaten

250 g Buttermilch
150 g heißes Wasser
1 Würfel Hefe
2 gehäufte TL Salz
1 Pr. Zucker
2 EL Essig
100 g gekochte zerdrückte Kartoffeln
100 g Roggenmehl Type 115
500 g Mehl Type 1050

Kartoffelbrot aus frischen (rohen) Kartoffeln

Tanje Pitz

Kartoffeln schälen und im Mixtopf **40 Sek./ Stufe 8** raspeln. In eine Stoffwindel geben und Kartoffelsaft ausdrücken. Milch, Salz, Zucker und Würfel Hefe **3 Min./37°C/Stufe 1** erwärmen. Mehl und die Kartoffelmasse zufügen, **2 Min./ Brotstufe** verkneten. Im Topf 30 Min. gehen lassen. Anschließend in gefettete Form geben und nochmals 30 Minuten gehen lassen. Backofen auf 230°C vorheizen. Brot in den Ofen schieben und ca. 10 Min. backen. Anschließend auf 180°C runterschalten und weitere 50 Minuten backen. Es entsteht ein schönes helles Brot.

Zutaten

750 g Kartoffeln
500 ml Milch
1 TL Salz
½ TL Zucker
1 Würfel Hefe
500 g Mehl Type 405

Kartoffelbrot Dresden

Dagny Waesch

Wasser und Kartoffeln in den Mixtopf geben, **30 Sek./Stufe 4** vermengen. Anschließend Weizenmehl, Roggenmehl, Hefe, Salz hinzufügen und alles **2 Min./Brotstufe** zu einem Teig verarbeiten. Teig zu einem Brot formen und ca. 60 Min. an einem warmen Ort gehen lassen. In den vorgeheizten Backofen bei ca. 180°C 40-45 Min. backen.

Zutaten

300 ml lauwarmes Wasser
100 g kalte gepellte Kartoffeln
250 g Weizenmehl Type 405
150 g Roggenmehl
1 Würfel Hefe
1 TL Salz

Kartoffelbrot nach Ansgar´s Rezept

Mareike Mathey

mmmhh Lecker

Kartoffeln **4 Sek./Stufe 5** zerkleinern. Restliche Zutaten zugeben und **1 ½ Min./Brotstufe** zu einem Teig verarbeiten. Aus dem Mixtopf nehmen und mit den Händen gut durchkneten. 1 Stunde gehen lassen, dann 30 Min. bei 250°C backen. Wasserschale mit in den Backofen stellen!!!

Zutaten

- 100 g gekochte Kartoffeln
- ½ TL Backpulver
- 150 g Roggenmehl
- 250 g Weizenmehl
- 40 g Hefe
- 3 MB Wasser
- 2 TL Salz

Kartoffelbrot aus dem alten Land

Carolin Meierhöfer

Zutaten

- 250 gekochte Kartoffeln
- 200 ml Wasser
- 1 Würfel Hefe
- 500 g Mehl Type 405
- 1 TL Salz
- ¾ TL Koriander oder
- 2 TL Kümmel
- 150 ml Milch

Kartoffeln **5-10 Sek./Stufe 3** zerkleinern und umfüllen. Milch und Wasser in den Mixtopf geben und **1 Min./37°C/Stufe 1** erwärmen. Mehl, Hefe, Gewürze und Kartoffeln zugeben. **3 Min./Brotstufe** zu einem Teig verarbeiten. Teig in einer abgedeckten Schüssel 1-1 ½ Stunden gehen lassen. Etwas Mehl auf die Arbeitsplatte geben und ein Brot formen. Auf ein mit Backpapier ausgelegte Backblech legen und noch mal ca. 10 Min. gehen lassen. Im vorgeheizten Backofen bei 200°C ca. 45 Min. backen

Kartoffelbrot mit Leinsamen

Martina Shawky

Zutaten

Kartoffelpüreepulver
(für 250 ml fertiges Püree)
125 ml lauwarmes Wasser
125 ml Milch
3 EL geschroteter Leinsamen
je 100 g Mais-,
Kichererbsen- und Dinkelmehl
20 g Pfeilwurzelstärke
2 P. Trockenhefe
1 TL Honig
je 1 TL Salz
Kümmel und gemahlener
Schabzigerklee
1 TL "Ei-Ersatz"
200 ml lauwarmes Wasser
etwas Margarine

Kartoffelpüreepulver mit Milch und Wasser nach Packungsbeilage anrühren. Backofen auf 40°C vorheizen. Eine Kastenform (20 cm Länge) einfetten und mit 1 EL geschrotetem Leinsamen ausstreuen. Alle Mehlsorten sowie Stärke in den Thermomix geben und kurz durchmischen. Ebenfalls das Kartoffelpüree hinzufügen, Hefe, Honig, Salz, Gewürze, 2 EL Leinsamen, den aufgeschlagenen Ei-Ersatz-Schaum und Wasser dazugeben.

Alles sorgfältig **4 Min./Brotstufe** oder auf **Stufe 3-4** zu einem glatten Teig verkneten. Backofen ausschalten. Den Teig in die Form füllen und abgedeckt im Ofen bei geöffneter Tür etwa 20 Minuten gehen lassen. Anschließend den Backofen auf 220°C aufheizen und das Brot auf mittlerer Schiene etwa 1 Stunde backen. Brot formen und ca. 60 Min. an einem warmen Ort gehen lassen. In den vorgeheizten Backofen bei ca. 180°C 40-45 Min. backen.

Kartoffelbrot

Anja Kranebitter

Kartoffeln im Thermomix kochen und anschließend pürieren. Mehl, Wasser, Öl, Salz, Zucker, Hefe in den Mixtopf füllen und **5 Min./Brotstufe** verkneten. Im Mixtopf ca. 30 Min. gehen lassen. Auf ein mit Backfolie ausgelegtes Blech geben und ein Fladen formen. Nochmals 15 Min. gehen lassen. Mit einer Gabel Löcher in den Fladen stechen und mit Öl einpinseln. Wer mag kann das Brot mit grobem Salz bestreuen. 30-35 Minuten bei 190°C-200°C goldgelb backen.

Zutaten

250 g Kartoffeln
500 g Mehl Type 405
250 ml Wasser
50 ml Distelöl
1 TL Salz
1 Pr. Zucker
1 Würfel Hefe

Kartoffelbrot - Maria´s Art

Maria Füssl (ca. 15 Scheiben)

Kartoffeln schälen, waschen, kleinschneiden und **25 Minuten/Varoma/ Stufe 1** im Gareinsatz garen (mit ½ l Wasser). Kartoffeln abgießen, **5-10 Sek./Stufe 3** zerkleinern und umfüllen. Milch und Wasser im Mixtopf **1 Min./37°C/Stufe 1** erwärmen. Mehl, Hefe, Gewürze und Kartoffeln zugeben, **3 Min./Brotstufe** zu glatten Teig verarbeiten. Teig in eine Schüssel geben, zugedeckt 1-1 ½ Stunden gehen lassen. Etwas Mehl auf die Arbeitsplatte geben, Teig zu einem Laib (rund oder oval) formen. Auf ein mit Backpapier ausgelegtes Backblech setzen. Ca. 10 Minuten gehen lassen. Im vorgeheizten Backofen (E-Herd: 225°C / Umluft: 200°C/ Gas: Stufe 4) ca. 45 Minuten backen. Evtl. nach 30 Minuten mit Pergamentpapier abdecken. ANMERKUNG: Man kann das Brot auch in einer Kastenform backen. Für einen kleineren Haushalt bitte alle Zutaten halbieren und in eine kleinere Form füllen. Ohne Form gebacken wird das Brot wunderbar knusprig. Das Rezept ist ideal, wenn mal wieder Kartoffeln übrig sind.

Zutaten

250 g mehlig kochende Kartoffeln
Salz
1 Würfel frische Hefe
500 g Mehl Type 405
1 TL Salz
1 TL gemahlener Koriander oder ca. 2 TL Kümmel
150 ml Milch
200 ml Wasser

Kartoffelbrot nach Nicis Art

Nicole Jäkel

Die Kartoffeln in den Mixtopf geben, **10 Sek./Stufe 3** zerkleinern und umfüllen. Milch, Wasser und Hefe in den Mixtopf geben und **1 Min./37°C/Stufe 2** erwärmen. Die Kartoffeln und die restlichen Zutaten hinzufügen und **2 Min./ Brotstufe** kneten. Den Teig ca. 30 Minuten im Mixtopf gehen lassen. Nochmals kurz durchkneten lassen und zu einem Brotlaib formen. Auf ein mit Backpapier ausgelegtes Backblech setzen. Ca. 30 Min. an einem warmen Ort gehen lassen. Dann 20 Min. bei 220°C backen, danach Ofen runterstellen auf 190°C und weitere 40 Min. backen..

Zutaten

250 g gekochte Kartoffeln
500 Mehl Type 405
1 Würfel Hefe
½ TL Salz
1 Pr. Zucker
1 TL gemahlener Kümmel o. Koriander (kann auch weggelassen werden oder durch andere Saaten ersetzt werden)
150 ml Milch
100 ml Wasser

Kartoffelbrot vom Blech

Nicole Huber

Alle Zutaten in den Mixtopf geben und **3 Min./Brotstufe** verkneten, Mehl zugeben wenn nötig, abgedeckt im Kühlschrank 3 Stunden ruhen lassen. Den Teig auf einem gefetteten Backblech ausrollen, mit einem Kochlöffelstiel Löcher in den Teig drücken und mit reichlich Öl bepinseln (die Löcher sollten mit etwas Öl gefüllt sein). Anschließend mit reichlich Hagelsalz bestreuen. Im vorgeheizten Backofen 10 Min bei 220°C/Heißluft 200°C und 15 Min bei 175°C zu Ende backen.

Zutaten

500 g Mehl
500 ml lauwarmes Wasser
100 g Kartoffelpüreepulver
1 EL Salz
1TL Zucker
1 P. Trockenhefe
ZUSÄTZLICH: Olivenöl zum Bepinseln und Hagelsalz

Kartoffelbrot würzig

Michaela Wolf

Zutaten

250 g gekochte Kartoffeln (Reste von Salz- oder Pellkartoffeln)
500 g Mehl Type 405
20 g Hefe
1 TL Salz
1 TL gemahlener Kümmel oder Koriander
150 ml Milch
100 ml Wasser

Kartoffeln **5-10 Sek./Stufe 3** zerkleinern und umfüllen. Milch und Wasser mit Hefe **1 Min./37°C/Stufe 2** erwärmen. Kartoffeln und restliche Zutaten zufügen und **2 Min./Brotstufe** zu einem glatten Teig verarbeiten. Teig ca. 30 Min. gehen lassen (im Mixtopf oder in einer Schüssel). Dann nochmals kurz durchkneten und zu einem runden oder länglichen Laib formen. Auf ein mit Backpapier ausgelegtes Backblech setzen. Nochmals 10 Minuten im Backofen bei 40°C gehen lassen, dann 40 Min. bei 225°C (200°C Umluft, Stufe 4 Gas) backen. Evtl. nach der Hälfte der Zeit mit Pergamentpapier abdecken.

Kartoffelfladenbrot

Zutaten

250 g Kartoffeln
120 g Milch
1 Würfel Hefe
1 TL Salz
1 Pr. Zucker
500 g Mehl
1 Ei
120 g Butter
ZUM BESTREICHEN:
40 g flüssige Butter
1 TL Schmand

Kartoffeln (vom Vortag) oder im Thermomix mit der Schale garen, pellen. Kalt im Thermomix **4 Sek./Stufe 3** zerkleinern. Restliche Zutaten dazugeben und **1 ½ Min./Brotstufe** kneten. Teig rausnehmen, zu einer Rolle formen. Die Rolle in 2 cm dicke Scheiben schneiden und mit dem Handballen auf 1 cm flachdrücken. Blech mit Backpapier belegen und die Fladen darauflegen. Mit Butter bepinseln und Schmand draufgeben. Mit Paprikapulver oder Kümmel bestreuen und im vorgeheizten Ofen 20 Min. 225°C oder Heißluft 25 Min. 190°C backen.

Käsestangen

Mechthild Bogoslaw

Weizen in 2 Portionen **2 Min./Stufe 10** mahlen und umfüllen. Käse in den Mixtopf geben, **10 Sek./ Stufe 10** zerkleinern. 2 EL vom Käse herausnehmen und bei Seite stellen. Salz, Milch, Butter und Hefe zu dem Käse in den Mixtopf geben und zu einem Teig verarbeiten, **3 ½ Min./Brotstufe**. Den Teig 30 Min. gehen lassen, dann herausnehmen und in 20 Stücke schneiden und Stangen formen. Mit Milch bestreichen und mit dem restlichen Käse, Paprika und Kümmel bestreuen. Im vorgeheizten Backofen bei 200°C ca. 15-20 Min. backen.

Zutaten

500 g Weizen
200 g Emmentaler
350 ml lauwarme Milch
1 TL Salz
30 g zimmerwarme Butter
1 Würfel Hefe
Kümmel
Paprika

Kasten-Sauermilch-Brot

Johanna Kost

mmmhh Lecker

Alle Zutaten in den Mixtopf füllen und **3 ½ Min./Brotstufe** kneten. In eine gefettete Kastenform füllen, ½ Stunde gehen lassen und dann bei 220°C ca. 20 Min. backen. Anschließend die Temperatur zurückstellen und dann bei 180°C ca. 40 Min. backen.

Zutaten

- 200 g Mehl Type 1050
- 1 Würfel Hefe
- 500 g Roggenmehl
- 3-5 EL Sauerteig
- 2 TL Salz
- 200 ml Sauermilch
- 200 ml lauwarmes Wasser
- 125 g gekochte Kartoffeln

Kefir-Kräuter-Brot

Maria Füssl

Zutaten

- 500 ml Kefir
- 500 g Vollkornweizenmehl
- 1 Würfel Hefe
- 1 Kräutermischung aus der TK
- 2 TL Salz
- 1 TL Zucker
- 50 g Körner nach Geschmack
- 1 TL Curry
- 1 Pr. Oregano

Alle Zutaten in den Mixtopf geben und **3 Min/Brotstufe** verarbeiten. Man kann auch gut frische Kräuter aus dem Garten verwenden. Ofen vorheizen und bei 200°C ca. 40-50 Min. backen. Wasserschälchen mit in den Ofen stellen.

Knäcke-Kümmel-Brot

Maria Füssl

Dinkel **1 ½ Min./Stufe 10** mahlen und umfüllen. Restlichen Dinkel **1 ½ Min./Stufe 10** mahlen. Evtl. Kümmel zugeben und den zuerst gemahlenen Dinkel. Restliche Zutaten beigeben und **2 Min./Brotstufe** verkneten. Den Teig in 3 Teile teilen und jeweils zwischen 2 Dauerbackfolien zu Quadraten ausrollen und mit einem Rädchen ausrädeln. Bei 180°C ca. 20 Min. ausbacken.

Zutaten

- 500 g Dinkel
- evtl. 1-2 TL Kümmel
- 100 g Mohn
- 100 g Sesam
- 100 g Sonnenblumenkerne
- 40 g Öl,
- 2 TL Salz
- 400 g Wasser

Knäcke-Leinsamen-Brot

Maria Füssl

Dinkel im Mixtopf **1 ½ Min./Stufe 10** mahlen, umfüllen. Restlichen Dinkel **1 ½ Min./Stufe 10** mahlen. Dinkelmehl wieder zugeben und die restlichen Zutaten zugeben und **30 Sek./Stufe 4** zu einem Teig verarbeiten, umfüllen und 1 Stunde ruhen lassen. Den Teig auf einer bemehlten Arbeitsfläche sehr dünn ausrollen. Auf ein mit Backpapier ausgelegtes Backblech geben, mit einer Gabel mehrmals einstechen! Und auf der mittleren Schiene bei 150°C ca. 60 Min. backen. Danach sofort in Stücke schneiden!

Zutaten

- 400 g Dinkel
- 50 g Sesamkörner
- 1 ½ MB Sonnenblumenöl
- 50 g Leinsamen
- 1 ½ MB Wasser
- 1 TL Salz

Knäcke-Sesam-Brot

Dagny Waesch

Dinkel **2 Min./Stufe 10** fein mahlen. Alle restlichen Zutaten in den Mixtopf füllen, **3 Min./Brotstufe** zu einem Teig verarbeiten. Teig mit feuchten Händen auf ein gefettetes Backblech geben. Teig mit Wasser besprühen und vor dem Backen in beliebige Stücke schneiden. Im vorgeheizten Backofen 200°C ca. 10 Min. backen. Gut verpackt hält es mehrere Tage.

Zutaten

- 250 g Dinkel
- 125 ml Wasser
- 2 EL Distelöl
- 2 TL gemahlenen Mohn
- 2 TL Sesam
- 1 Pr. Salz

Knäckebrot

Maria Füssl

Zutaten

- 250 g Dinkel
- 125 g Hafer
- 125 g Weizen
- 1-2 TL Kümmel oder Brotgewürz
- 100 g Sesam
- 50 g Mohn
- 50 g Leinsamen
- 100 g Sonnenblumen
- 40 g Öl
- 2 TL Salz
- 400 g Wasser

Dinkel **1 ½ Min./Stufe 10** mahlen, umfüllen. Hafer und Weizen **1 ½ Min./Stufe 10** mahlen. Evtl. nach Geschmack Kümmel oder Brotgewürz beim Mahlen hinzufügen. Die restlichen Zutaten hinzufügen und alles **2 Min./Brotstufe** verkneten. Den Teig in 3 Teile teilen und jeweils zwischen 2 Dauerbackfolien zu Quadraten ausrollen und mit einem Rädchen ausradeln. Bei 180°C ca. 20 Min. backen. Die gebackenen Teigstücke auseinander brechen, solange sie noch warm sind. Knäckebrot hält sich ca. 6 Wochen in einer geschlossenen Dose.

Knobi-Fladenbrot

Simone Albers

Knoblauchzehe 2 Sek./Stufe 5 zerkleinern. Anschließend Wasser **5 Min/100°C/Stufe 1** erhitzen. Salz, Grieß hinzufügen und ohne Hitze noch mal **10 Min./Stufe 1** verkneten und abkühlen lassen. Dann Dinkelmehl, Hefe, Öl, Ei hinzufügen und nochmals **3 Min./Brotstufe** verkneten. Teig 45 Min. gehen lassen. Aus dem Teig 5-6 Fladen formen; mit eingeölten Fingerspitzen Vertiefungen in den Teig machen. Nochmals 30 Min. gehen lassen. Fladen mit Wasser besprühen und mit Sesam oder Kümmel bestreuen. Backofen auf 250°C vorheizen und ein kl. Schälchen mit Wasser in den Ofen stellen. Die Fladen ca. 15 Min backen. Nochmal mit Wasser besprühen.

Zutaten

- 2 Knoblauchzehe
- 370 ml Wasser
- 1 TL Salz
- 100 Grieß
- 500 g Dinkelmehl Type 630
- 1 Würfel Hefe
- 2 EL Öl
- 1 Ei

Knuspertoast

Julia Bergmüller

Nüsse in den Mixtopf geben und **3 Sek./Stufe 6-7** zerkleinern. Nun die restlichen Zutaten in den Mixtopf füllen und **2 Min./Brotstufe** verkneten und in eine 28er Kastenform füllen; der Teig geht stark auf. 30 Minuten abgedeckt an einem warmen Ort gehen lassen. Anschließend Backofen auf 200°C (Ober/Unterhitze) einstellen und ca. 30-40 Minuten backen.

Zutaten

- 400 g Mehl Type 550
- 1 EL Zucker
- ½ Würfel Hefe
- 1 TL Salz
- 50 g weiche Butter
- 240 ml Wasser
- 50 g Haselnüsse

mmmhh Lecker

Knuspriges Stangenweißbrot

Alle Zutaten **2 Min./Brotstufe** mixen. In eine Plastikschüssel 3 EL Mehl geben und den Teig hineinlegen. Die Schüssel mit einem Deckel verschließen. Den Teig 45 min. gehen lassen. Wenn sich sein Volumen verdoppelt hat, 4 Stränge abteilen. Jeden Strang (mit etwas Mehl) kneten.

Die Stränge auf ein Backblech legen, mit Wasser bestreichen und mit einem Messer mehrmals einschneiden. Zugedeckt nochmals 30 Min. gehen lassen. Backofen auf 250°C vorheizen. Eine Schale mit heißem Wasser hineinstellen. Bei 220°C 30-35 Min. backen.

Zutaten

750 g Weizenmehl Type 405
½ Würfel Hefe
500 ml lauwarmes Wasser
3 TL Salz
2 EL Brötchenbackmittel

Körner-Baguette

Karen Wetzke

Zutaten

150 ml Wasser
250 ml Milch
1 Würfel Hefe
1 TL Honig oder Zucker
600 g Mehl Type 1050
2 TL Salz
Körner nach Wahl

Wasser, Milch, Hefe, Honig oder Zucker in den Mixtopf geben und **1 Min./37°C/Stufe 1** vermengen. Dann Mehl und Salz dazu und **3 Min./Brotstufe** verkneten. Kurz vor Ende noch Körner unterkneten lassen (Sonnenblumen-, Kürbiskerne, Sesam, Leinsamen). Im Mixtopf gehen lassen, bis sich das Deckelchen hebt. Nochmals **1-2 Min./Brotstufe**. Längliche Stangen formen und in eine spezielle Baguetteform legen. Mit Wasser besprühen. Nochmals gehen lassen (ca. 30 Min) und im vorgeheizten Backofen bei 200°C ca. 20 – 30 Min backen.

Körner-Misch-Brot

Kerstin Hagel

6-Korn-Mischung und ½ MB Sesam **40 Sek./Stufe 10** mahlen. Hefe, Mehl, warmes Wasser, Salz, Sesam dazu, **3 Min./Brotstufe** verkneten. ½ Stunde gehen lassen, in eine gefettete Kastenform geben, nochmals gehen lassen. 10 Min. auf 250°C, dann 30 Min. auf 200°C fertig backen.

Zutaten

200 g 6-Korn-Mischung
½ MB Sesam
½ Würfel Hefe
300 g Mehl 405er
400 g warmes Wasser
1 TL Salz
½ MB Sesam

mmmhh Lecker

Körnerbrot

Dagny Waesch

Körnermischung im Mixtopf auf **60 Sek./Stufe 10** schroten. Alle Zutaten **2 Min./Brotstufe** mit Hilfe des Spatels zu einem Hefeteig verarbeiten. Den fertigen Teig in eine gefettete Kastenform geben und etwa 10 Min. bei 40°C im Backofen gehen lassen. Wenn die Form voll ist, den Backofen auf 220°C hochschalten und noch ca. 30-40 Min. backen.

Zutaten

250 g Körnermischung
3 ½ MB warmes Wasser
1 Würfel Hefe
250 g Mehl Type 1050 oder
250 g Urweizen Type 1050
1 TL Salz
2 EL Öl evtl. etwas Leinsame
und Sonnenblumenkerne

Kräuter-Schinken-Brot

Edwin Schroer

Zutaten

40 g Hefe
1 TL Zucker
3 MB Wasser
250 g Weizenmehl
250 g Roggenmehl
1 EL Salz
20 g Schmalz
200 g roher Schinken oder Speckwürfel
½ TL Kümmel
je 1 Bund Petersilie und Schnittlauch

Schinken und Kräuter **10 Sek./Stufe 4** zerkleinern, umfüllen. 100 g Mehl, Hefe, Zucker, Wasser **2 Min./37°C/Stufe 3** erwärmen. Restliches Mehl, Salz, Schmalz zugeben, **2 Min./Brotstufe**. 30 Sek. vor Ende den Schinken und die Kräuter zugeben. Den Teig zu einem Laib formen oder in eine Backform geben, kreuzweise einschneiden, mit Wasser bestreichen. 30 Min. an einem warmen Ort gehen lassen. Anschließend bei 200°C 30-40 Min. backen. Eine kleine Schüssel mit Wasser in den Ofen stellen und das Brot nochmals 5 Min. vor Backende mit Wasser besprühen.

Kräuter-Weißbrot

Katja Roß

Die Zutaten, außer dem Mehl, **1 Min./37°C/Stufe 2** erwärmen. Dann Mehl hinzufügen und weiter **3 Min./Brotstufe** verkneten. Im Topf gehen lassen bis er sein Volumen verdoppelt hat. Nochmals kurz durchkneten. In eine gefettete Kastenform geben und im vorgeheizten Backofen 10 Min. bei 220°C mittlere Schiene und weiter auf 200°C 40 Min. backen.

Zutaten

- 600 g Mehl Type 405
- 1 Würfel Hefe
- 1 ½ TL Salz
- 1 TL Zucker
- 1 P. gemischte TK Kräuter
- 1 TL schwarzer Pfeffer
- 4 MB Milch

Kräuterbrot

Angie Wahl

Kräutersuppe mit dem Wasser zum Kochen bringen und wieder abkühlen lassen. Die restlichen Zutaten **30 Sek./Stufe 2** vermengen. Die Suppe hinzufügen und **4 Min./Brotstufe** verkneten. Im Mixtopf ca. 1 Std. gehen lassen. Mehrere kleinere Brote formen und nochmals 45 Min. gehen lassen. Auf der mittleren Schiene ca. 30-40 Min. 190°C bis 200°C backen.

ANMERKUNG: Als Tomatenbrot klein geschnittene Tomaten mit in den Teig geben.

Zutaten

- 100 g Roggenmehl
- 300 g Weizenmehl Type 1050
- 200 g Weizenmehl Type 405
- 2 TL Salz
- 1 TL Zucker
- ½ Messbecher Öl
- 1 Würfel Hefe
- ½ TL Sauerteigpulver oder
- 1 TL Essig
- 1 P. TK italienische Kräuter
- 1 P. Kräutersuppe
- 400 l Wasser

Kräuterbutterbrot (Faltenbrot)

Gudrun Neuman

Mehl, 400 ml Wasser, Hefe, Zucker, Salz und Öl in den Mixtopf geben. **3 Min./Brotstufe** verkneten. Falls der Teig nicht geschmeidig genug ist, nochmals etwa Wasser nachfüllen. Ca. 30 Min. im Mixtopf gehen lassen. Anschließend den Teig auf Backblechgröße ausrollen und mit der weichen Kräuterbutter bestreichen. 6 cm breite Streifen schneiden und in Ziehharmonikaform falten. Diese hochkant in eine Silikon- oder Springform stellen. Nochmals ca. 15 Min. gehen lassen. Im vorgeheizten Backofen bei 180°C ca. 40-50 Min. backen.

Zutaten

750 g Weizenmehl
ca. 450 ml lauwarmes Wasser
1 Würfel Hefe
½ TL Zucker
1 ½ TL Salz
5 EL Öl
250 g Kräuter- oder Knoblauchbutter
1 P. Zwiebelsuppe

Kriebsteiner-Buttermilchbrot

Kerstin Hagel

Zutaten

250 g Weizen
250 g Weizenmehl
1 Würfel Hefe
1 Pr. Zucker
1 TL Salz
350 ml Buttermilch
Körnermischungen nach eigenem Geschmack

Weizen **1 Min./Stufe 10** mahlen. Alle Zutaten in den Mixtopf geben; **3 Min./Brotstufe** verkneten. Den Teig in eine gefettete Kastenform füllen und 30 Min. gehen lassen. Anschließend bei 200°C ca. 40 Min. backen.

Krustenbrot „Albinobrot"

ohne Backform gebacken

Maria Füssl

Saaten **1 Min./Stufe 10** fein mahlen. Mehl, Hefe, Trockensauerteig, Salz und Wasser hinzufügen, **2 Min./Brotstufe** kneten. Falls der Teig klebt noch etwas Mehl hinzufügen, bis er sich vom Rand löst. Teig zu einem Kloß formen und auf Backpapier legen. Die 4 Enden einzeln zusammen zwirbeln. Papier sollte das Brot umschließen. In den nicht vorgeheizten Backofen geben. 40-50 Min. bei 220°C-240°C backen. ANMERKUNG: Brot muss vorher nicht gehen!

Zutaten

200 g Saaten
400 g Mehl
1 Würfel Hefe
1 TL Trockensauerteig
2 TL Salz
350 ml lauwarmes Wasser

Krustis

Marion Hastreiter

Dinkel 24 Stunden einweichen, abschütten (Brühe aufheben) und das Korn **1 ½ Min./Stufe 10** mahlen, Spatel zur Hilfe nehmen. Hefe zugeben und die Brühe zu 300 ml Flüssigkeit aufschütten und hinzufügen. Salz zugeben und kurz verrühren. Mehl zugeben und **3 Min./Brotstufe** mit Hilfe des Spatels verkneten. Kleine Häufchen mit Hilfe eines Löffels auf ein Backblech geben und 20-30 Min. bei 250°C backen.

Zutaten

300 g Dinkel
1 Würfel Hefe
½ TL Salz
300 ml Flüssigkeit (Brühe)
450 g Mehl

mmmhh Lecker

Kümmel- oder Salzstangen

Dorothea Schlossarek

Alle Zutaten **3 Min./Brotstufe** verkneten. Teig 1 Std. gehen lassen Dann daraus fingerdicke, etwa 12 cm lange Rollen formen. Auf ein mit Backpapier ausgelegtes Backblech legen, mit einem Tuch bedecken, nochmals 20 Min. gehen lassen. Mit verquirltem Ei bestreichen und mit Kümmel oder grobkörnigem Salz bestreuen. Bei 200°C 20 Min. backen.

Zutaten

- 500 g Weizenmehl Type 405
- 1 TL Salz
- 1 EL Zucker
- 20 g Hefe oder
- 1 P. Trockenhefe
- 200 ml Milch
- 125 g Butter oder Margarine
- 1 verquirltes Ei zum Bestreichen

Kürbisbrot

Anita Grötker

Zutaten

- 1 Würfel Hefe
- 125ml Wasser
- 1 TL Honig
- 600 g Mehl
- 200 g Kürbisstücke
- 100 g Apfel
- 60 g Nüsse
- Saft ½ Zitrone und die Schale
- 1 Pr. Zimt
- 1 Pr. gem. Nelken
- 2 TL Salz
- 150 g saure Sahne oder Schmand

1 Tasse Wasser von den 125 ml abnehmen und Hefe mit dem Honig darin auflösen und ca. 10 Min. ziehen lassen. Nüsse in den Mixtopf füllen und **10 Sek./Stufe 6** kurz mahlen, umfüllen. Kürbis- und Apfelstücke **6 Sek./ Stufe 4** zerkleinern (mit Spatel). Alle restlichen Zutaten hinzufügen und **3 Min./Brotstufe** zu einem Teig verarbeiten. Im Topf ca. 30 Min. gehen lassen. Eine Kastenform fetten und den Teig hineinfüllen und nochmals ca. 15 Min. gehen lassen. Mit etwas Sahne einpinseln und mit Kürbiskernen bestreuen, auf der mittleren Schiene bei 200°C ca. 40-50 Min. backen.

Kürbisbrot aus Buchholz

Anja Lütjen

Getreide **1 ½ Min./Stufe 10** mahlen, umfüllen. Kürbis **15 Sek./Stufe 4** zerkleinern. Alle Zutaten in den Mixtopf geben und alles **2 Min./Brotstufe** verkneten. ½ Min. vor Ende die Kürbiskerne und den Sesam zufügen. Bei 200°C ca. 45 Min. backen. Tasse Wasser in den Backofen stellen!

Zutaten

- 300 g Getreide (nach Wahl)
- 1 Würfel Hefe
- 300 g geschälter Kürbis
- 125-250 ml Milch
- 75 g Kürbiskerne
- 2 EL Sesam
- 200 g Mehl
- 1 EL Salz
- ½ EL Pfeffer

Kürbis-Pfefferbrot

Lena Spreckelmeyer

Kürbis **30 Sek./Stufe 4** zerkleinern. Mit den restlichen Zutaten (ohne Saaten) **3 Min./Brotstufe** verkneten, ca. 30 Sek. vor Schluss Kürbiskerne und Sesam hinzufügen. Ca. 30 Min. gehen lassen, in eine Kastenform geben und ca. 45 Min. bei 200°C im Ofen backen. 1 Schälchen Wasser mit in den Ofen stellen.

Zutaten

- 300 g geschälter Kürbis
- 500 g Mehl
- 1 EL Salz
- ½ EL Pfeffer
- 1 Würfel Hefe
- ca. 175 ml Milch
- 70 g Kürbiskerne
- 2 EL Sesam

Kürbiskernbrot

Johanna Kost

Kürbiskerne **3 Sek./Stufe 10** zerkleinern und umfüllen. Roggen und Weizen **1 Min./Stufe 8** mahlen und mit den restlichen Zutaten mischen. **3 Min./Brotstufe** zu einem Teig verkneten. Im Topf ca. 30 Min. gehen lassen. Nochmals kurz durchkneten und in eine gefettete Kastenform füllen und bei ca. 200°C 40 – 50 Min. backen.

Zutaten

- 50 g Kürbiskerne
- 150 g Roggen
- 150 g Weizen
- 150 g Mehl
- 1 TL Salz
- 50 g Butter
- 1 TL Honig
- 1 Würfel Hefe
- 3 MB Wasser

Landbrot

Svenja Behrens

Die Zutaten **3 Min./Brotstufe** zu einem festen Teig verarbeiten. Den Teig aus dem Mixtopf nehmen und auf eine bemehlte Arbeitsfläche geben, mit den Händen noch mal kurz durchkneten. Mit den Händen flachdrücken und wie ein Handtuch einmal zusammenfalten und dann ½ Stunde gehen lassen. Den Vorgang wiederholen und nochmal ½ Stunde gehen lassen. Den Teig auf ein Backblech legen, mit Wasser bepinseln und ein Karomuster in die Oberfläche ritzen. Bei 225°C ca. 25-30 Min. backen.

Zutaten

- 200 g Roggenmehl
- 400 g Weizenmehl Type 1050
- ½ Würfel Hefe
- 3 ½-4 MB Wasser
- 1 TL Zucker
- 2 TL Salz

Landbrot schnelle Variante

Rebecca van Deelen

Körner **1 Min./Stufe 10** mahlen. Salz, Mehl, Hefe, Essig, Öl und Wasser hinzufügen zu einem Teig verarbeiten. Rundes Brot: Quadratisches Backpapier an den Enden zwirbeln, Teig in die Mitte geben und die 4 Enden zusammendrehen. Längliche Brote/ Baguette: Den Teig auf 2 oder mehr längliche Backpapierstücke verteilen und diese an den Enden zusammendrehen. Brot in den kalten Backofen geben und 30-45 Min. auf 250°C backen.

Zutaten

- 250 g Roggen-Körner
- 1 TL Salz
- 400 g Mehl
- 1 Tüte Trockenhefe
- 1 EL Essig
- 50 ml Öl
- 320 ml lauwarmes Wasser

Landfrauenbrot

Kerstin Hagel

Alle Zutaten im Thermomix **2 Min./Stufe 3** verkneten und 3 Std. gehen lassen, auf einer bemehlter Arbeitsfläche ein Brot formen. Backofen auf 250°C vorheizen. Brot ca. 30 Min. backen, dann auf 180°C zurückschalten und nochmals 30 Min. fertig backen. Wasserschälchen mit in den Backofen stellen. 10 Min. vor Ende 1x kurz das Brot mit Wasser besprühen.

Zutaten

- 850 g Weizenmehl Type 1050
- 150 g Roggenmehl Type 1150
- ½ Würfel Hefe
- 700 ml Wasser
- 1 TL Salz
- 1 Pr. Zucker

Landhaus-Brot

Renate Hahn

Die Hefe im lauwarmen Wasser auflösen lassen. Alle Zutaten in den Mixtopf geben, **3 Min./Brotstufe** verkneten. Teig im Topf ca. 1 Std. gehen lassen. Nochmals kurz auf Brotstufe durchkneten. Nun in eine vorbereitete Form geben und nochmals 15-20 Min. gehen lassen. Brot mit Wasser einsprühen und mit einer Gabel diverse Löcher einstechen. Im vorgeheizten Backofen mittlere Schiene ca. 50-60 Min. bei 200°C-220°C backen. Schälchen mit Wasser mit in den Ofen stellen.

Zutaten

1 Würfel Hefe
500 ml lauwarmes Wasser
500 g Sauerteig
800 g Roggenmehl Typ 1150
200 g Weizenmehl Typ 1050
2 EL Salz

Landhaus-Kartoffel-Brot

Daniela Babilon

Flüssigkeit und Hefe in den Topf geben, kurz verrühren. Dann ca. 600 g Mehl, geriebene Kartoffeln, Salz, Öl (wenn Hermann dabei ist dann 1 EL Essig) **3 Min./Brotstufe** verkneten. Danach restliches Mehl beigeben und ca. **30 Sek./Brotstufe** unterkneten. Mit bemehlten Händen einen Brotlaib formen, aufs Backblech setzen, mit Milch oder Sahne bestreichen und einstechen. Ca. ½ Stunde gehen lassen. Etwas Wasser in den Backofen stellen und das Brot 20 Min. bei 250°C, dann noch mal 35 Min. 200°C backen. Ca. 5 Min. vor Ende der Backzeit noch mal mit Wasser bestreichen, damit ein schöner Glanz entsteht.

Zutaten

700 g Mehl
5 EL Sauerteig
30 - 40 g Hefe
2 TL Salz
1 EL Öl
125 g gekochte Kartoffeln gerieben
Gewürz nach Belieben
400 ml lauwarmes Wasser

Landhaus-Kümmel-Brot

Dorothea Schlossarek

Alle Zutaten im Mixtopf **1 ½ Min/Brotstufe** durcharbeiten. In eine Form geben oder selbst formen, nochmals 15 Min. gehen lassen, bei 200°C ca. 30 Minuten backen.

Zutaten

250 g Mehl Type 1050
(evtl. 100 g durch gemahlenen Dinkel ersetzen)
150 g Roggenmehl
2 TL Kümmel
30 g Hefe
1 TL Salz
300 ml warmes Wasser

Laugenbrezeln

Wasser und Natron aufkochen. Mehl, Salz, Wasser und Hefe in den Mixtopf geben, **2 Min./ Brotstufe** verkneten. Aus dem Teig Brezeln oder Stangen formen, kurz in die Lauge tauchen, abtropfen lassen und auf Backfolie legen. Mit Sesam, Mohn, Kümmel oder Salzkörner bestreuen und 20 Min. kalt stellen. Dann im vorgeheizten Backofen 15 Min. bei 200°C backen.

Zutaten

600 g Mehl
2 TL Salz
1 Würfel Hefe
300 ml Wasser
LAUGE: 500 ml Wasser
2 TL Natron
DEKORATION:
Sesam, Mohn, Kümmel
Salz nach Belieben

mmmhh Lecker

Lausitzer-Buttermilchbrot

Kerstin Hagel

Zutaten

500 g Weizen oder Dinkel
500 g lauwarme Buttermilch
1 Würfel Hefe
1 TL Salz
100 g Körner nach Belieben

Getreide 2 mal **1 Min./Stufe 10** mahlen. Restliche Zutaten zugeben und **1 Min./Brotstufe** mit Hilfe des Spatels verkneten. Den Teig in eine gefettete Kastenform (evtl. mit Sesam ausgestreut) geben und bei 200°C ca. 45 Min backen.

VARIANTEN: Statt der Körner können sie auch rohen Schinken zugeben; dazu Kräuterbutter aus dem Mixtopf reichen. Oder geröstete Zwiebeln und Kräuter. Oder getrocknete Früchte, Rosinen Nüsse etc. untermischen.

Leichtes Brotrezept

Zutaten

200 g Weizen oder Dinkel fein mahlen
300 g Mehl Type 405
1 TL Salz
½ TL Brotgewürz
½ Würfel Hefe
5 MB Wasser

Alle Zutaten in den Mixtopf füllen und **2 Min./Brotstufe** verkneten. In eine gefettete und mit Paniermehl ausgestreute Kastenform füllen. 30 Minuten an einem warmen Ort gehen lassen. Anschließend 30-40 Minuten auf 220°C backen. Mit Wasser besprühen und eine kleine Schale mit Wasser mit in den Ofen stellen.

Maisbrot

Sandra Kuqi

Die trockenen Zutaten **30 Sek./Stufe 2** mischen. Die Milch, die Butter und die Eier hinzufügen, nochmals **30 Sek./Brotstufe** vermengen. Den Teig in eine gefettete Form geben und bei 180°C für 20-25 Minuten backen. Die Ränder sollten leicht braun werden.

Zutaten

- 100 g Mehl Type 405
- 100 g Maisgries
- 50 g Zucker
- 1 Tüte Backpulver
- ½ TL Salz
- 200 ml Milch
- 2 Eier (leicht verquirlt)
- 50 g geschmolzene Butter

Malzbierbrot

Jürgen Fanderl

Dinkel **1 Min./Stufe 10** mahlen. Restliche Zutaten zufügen und 2 **Min./Brotstufe** verkneten. 30 Min. gehen lassen, dann bei 190°C ca. 40 Min. backen.

Zutaten

- 250 g Dinkel
- 250 g Mehl Type 405
- 1 Würfel Hefe
- 1 TL Salz
- 1 MB Sonnenblumenkerne
- 340 g Malzbier

Malzbrot

Maria Luise Müller

Weizen **1 ½ Min./Brotstufe** mahlen. Restliche Zutaten zugeben und **3 Min./Brotstufe** zu einem Teig verarbeiten. Ca. 30 Min. gehen lassen und dann bei 220°C ca. 40 Min. backen.

Zutaten

- 250 g Weizen
- 300 g Malzbier
- 1 Würfel Hefe
- 1 ½ TL Salz
- 250 g Mehl

Mama Leones Weißbrot

Maria Füssl

Zutaten

- 500 g Mehl
- 1 Würfel Hefe
- 1 Schuss Olivenöl
- 1 TL Salz
- 320 g lauwarmes Wasser

Alle Zutaten **2 Min./Brotstufe** verkneten. Bei 200°C ca. 40 Min. backen.

Mandel Dinkel Brot

Katja Hoscheidt

Mandeln **3 Sek./Stufe 7** zerkleinern und umfüllen. Weizen oder Dinkel **1 ½ Min./Stufe 10** zerkleinern und umfüllen. Äpfel bei Stufe 4 zerkleinern, Butter zugeben und **3 Min./90°C/Stufe 1** dünsten und zu den Mandeln geben. Weizen- oder Dinkelmehl, Salz, Mehl, Hefe, Agavendicksaft oder Rohrzucker und Wasser in den Mixtopf geben und **2 Min./Brotstufe** mischen und im Mixtopf 15-20 Min. gehen lassen. Nun die zerkleinerten Mandeln und die angedünsteten Äpfel zugeben, **1 Min./Brotstufe** mit Hilfe des Spatels zu einem Teig verarbeiten. Den Teig in eine gefettete Zopfform geben und nochmals 15 Min. gehen lassen. Bei 190°C ca. 50 Min. backen.

ANMERKUNG: Mandeln vor dem Zerkleinern in einer trockenen Pfanne anrösten und den Teig mit Honig süßen und mit je ½ TL Zimt und Kardamom würzen.

Zutaten

100 g Mandeln
300 g Weizen oder Dinkel
20 g Butter
200 g Äpfel in Stücken
½ TL Salz
300 g Mehl Type 1050
1 Würfe Hefe
60 g Agavendicksaft oder Rohrzucker
350 g lauwarmes Wasser

Mandel-Apfel-Brot

Mandeln und Apfelringe **20 Sek./Stufe 10** zerkleinern und umfüllen. Die übrigen Zutaten in den Mixtopf füllen und **1 ½ Min./Brotstufe** verkneten. Zerkleinerte Apfelringe und Mandeln zugeben und **30 Sek./Brotstufe** zu einem Teig verarbeiten. In eine Zopfform füllen und mit Milch bestreichen. Im Backofen bei 40°C ca. 15 Min. gehen lassen. Dann bei 180°C ca. 25 Min. backen.

Zutaten

- 100 g getrocknete Apfelringe
- 100 g Mandeln
- 350 g Mehl
- 1 Würfel Hefe
- 100 g Zucker
- 1 P. Vanillezucker
- 1 TL abgerieb. Zitronenschale
- 1 Pr. Salz
- 50 g Crème fraîche
- 2 ½ MB Milch
- 70 g weiche Butter
- 1-2 EL Milch

Maronen-Nuss-Brot

Mechthild Bogoslaw

Zutaten

- 500 g Weizenmehl Type 550
- 100 g Maronenmehl
- 150 g gesalzene Nüsse
- 1 Würfel Hefe
- 50 ml Öl
- 300 ml Wasser
- ½ TL Salz
- ½ TL Zucker
- 2 TL Weizenkleber (Gluten)

Nüsse grob hacken (einige Nüsse zurückbehalten). Restlichen Zutaten hinzufügen, **3 Min./Brotstufe** zu einem Teig verarbeiten. Den Teig zu einer Kugel formen und im Gärkörbchen mind. 3-4 Std. gehen lassen. Teig in dein Brotform füllen und nochmals 30 Min. gehen lassen. Den Backofen auf 220°C vorheizen - eine Schale mit heißem Wasser in den Ofen stellen. Das Brot auf unterster Schiene bei 200°C (Umluft) ca. 50 Min. backen. Dann herausnehmen, rasch mit Wasser besprühen und mit Nüssen verzieren und weitere 10 Min. backen.

Mediterranes Brot
mit Schinken und Oliven

Simone Albers

Für den Teig alles **2 Min./Stufe 3** verkneten. Aus dem Mixtopf nehmen und an einem warmen Ort 30 Minuten gehen lassen. Gekochten Schinken **6 Sek./Stufe 4** zerkleinern und umfüllen. Das ebenfalls mit den Oliven wiederholen. Brotteig auf Backpapier oder Backfolie rechtwinklig ausrollen. Mit Butter bestreichen. Mit Scheiben rohem Schinken belegen, ohne den Rand zu bedecken. Darauf den gekochten Schinken legen. Olivenstücke und Kapern darauf verteilen. Die Ränder mit Wasser bestreichen und alles zu einer Rolle fest zusammenrollen. Auf ein gefettetes Backblech legen.

Die Brotrolle einige Male tief einschneiden und mit Eigelb bestreichen. Nochmals gehen lassen, bis das Brot sich etwa verdoppelt hat. Bei 200°C ca. 40 Min. backen und auf einem Gitter erkalten lassen.

Zutaten

110 g Oliven ohne Kerne
40 g Kapern
6 dünne Scheiben Serranoschinken oder 10 Scheiben Bacon
200 g gekochter Schinken
weiche Butter zum Bestreichen
TEIG: 400 g Mehl Type 405
100 g Mehl Type 1050
1 Würfel Hefe
1 TL Salz
30 g Olivenöl
1 EL Essig
250 ml kaltes Wasser

mmmhh Lecker

Mediterranes Oliven-Tomatenbrot

Tomaten in den Mixtopf geben und mit Wasser auf 300 g auffüllen, **3 Min./37°C/ Stufe 1**. Dann Mehl, Salz, Zucker, Hefe zugeben und **3 Min./Stufe 3** kneten. Oliven zerkleinern und 20 Sek. vor Ablauf der Zeit durch die Deckelöffnung zugeben. Vom Basilikum die Blätter abzupfen und ebenfalls mit in den Teig geben. 30 Min. gehen lassen und noch mal kurz durchkneten lassen und in eine Kastenform füllen. Nochmals 10 Min. gehen lassen und dann bei 200°C ca. 30 Min. backen. Passt gut zu Dipps und Gegrilltem.

Zutaten

- 1 kleine Dose Tomaten
- 500 g Mehl
- 1 ½ TL Salz
- 1 Pr. Zucker
- 1 Würfel Hefe
- 1 Handvoll Oliven
- 1 Stängel Basilikum

Mehrkornbrot

Kerstin Hagel

Alle Zutaten **2 Min./Brotstufe** verkneten.
30 Minuten gehen lassen und anschließend bei 190°C ca. 45 Minuten backen.

Zutaten

200 g Dinkel
2 TL Sonnenblumenkerne
300 g Mehl
je 2 TL Leinsamen und Sesam
50 ml Öl
200 ml Wasser
2 TL Salz
1 Würfel Hefe

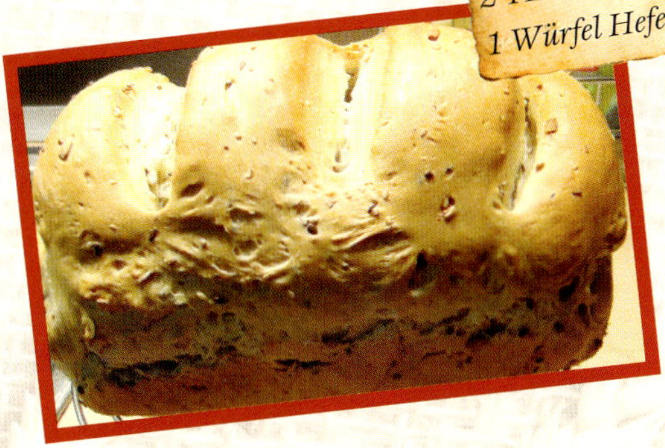

Milchbrot

Martina Renoth

Alle Zutaten in den Mixtopf geben und **3 Min./ Brotstufe** mit Hilfe des Spatels zu einem Teig verkneten. Im Topf ca. 30 Min. gehen lassen und nochmals kurz durchkneten. In eine Form füllen und nochmals 15 Min. gehen lassen und anschließend bei 190°C 40-45 Min. backen.

ANMERKUNG: 1 MB Rosinen beim Kneten, nach dem Gehen lassen unterrühren; dann hat man ein schönes Rosinenbrot.

Zutaten

450 g Mehl Type 550
1 TL Zucker
½ Würfel Hefe
2 MB laufwarme Milch
50 g Butter
1 TL Salz
½ MB lauwarmes Wasser
1 Ei

mmmhh Lecker

Mischbrot

Kerstin Hagel

Roggen und Dinkel **2 Min./Stufe 10** mahlen. Alle Zutaten in den Mixtopf geben (außer Saaten) und 3 Min. kneten. Nach 2 Min. die Saaten durch die Deckelöffnung hinzufügen. Teig ca. 30 Min. gehen lassen und anschließend in eine Form geben oder auf das mit Backpapier belegte Blech legen, kreuzweise einschneiden und nochmals 15 Min. gehen lassen. 20 Min. auf 250°C anbacken und nach 30 Min. auf 200°C zu Ende backen. Kurz vor Backzeitende das Brot mit etwas Wasser besprühen, wenn man die Kruste härter haben möchte.

Zutaten

150 g Roggen
150 g Dinkel
300 g Weizenmehl
450 ml lauwarmes Wasser
1 Würfel Hefe
1 ½ EL Balsamico Essig
2 TL Salz
1 Pr. Zucker
Sonnenblumenkerne
Sesam, Mohn und Leinsa
je nach Geschmack

Mischbrot

Kerstin Hagel

Zutaten

450 g Weizenmehl Type 550
1 TL Zucker
15 g Frischhefe
2,5 MB lauwarme Milch
1 TL Salz
50 g Butter
1 Ei

Alle Zutaten auf Brotstufe mit Hilfe des Spatels zu einem Teig verarbeiten, in eine Form füllen und bei 190°C 40-45 Min. backen.

Mischbrot

Mechthild Bogoslaw

Zutaten

400 g Mehl Type 1050
300 g Roggenmehl Type 997
500 ml lauwarmes Wasser
1 Würfel Hefe
3 EL Obstessig oder Sauerteigansatz
2 TL Salz
evtl. 1 TL Brotwürze
1 EL Öl

Hefe, Essig od. Sauerteig, Salz, Öl, lauwarmes Wasser und die Hälfte an Mehl in den Mixtopf geben und **3 Min./Brotstufe** zu einem Teig verarbeiten. Restliches Mehl durch die Deckelöffnung nach und nach hinzufügen und weitere **1-2 Min./Brotstufe** verkneten bis sich ein geschmeidiger Teig ergibt. Aus dem Topf nehmen und ein längliches Brot formen und mit etwas Milch bepinseln. Brot mit einer dicken Stricknadel einstechen und auf ein Backblech geben. Dieses ca. 30 Min. an einem warmen Ort gehen lassen. Im vorgeheizten Backofen bei 230°C 20-25 Min und bei 200°C ca. 35 Min. backen. Schälchen mit Wasser in den Ofen stellen.

Mischbrot

Renate Hahn

Alles in den Mixtopf füllen und **3 Min./Brotstufe** verkneten. 30 Min. im Topf gehen lassen. Backofen vorheizen. Teig aus dem Topf nehmen und ein Brot formen. Brot auf ein Backblech mit Backfolie auslegen und die Brötchen darauf platzieren. Nochmals 15 Min. gehen lassen. Mit Wasser besprühen und auf die mittlere Schiene des Ofens schieben. Schälchen mit Wasser in den Ofen stellen und ab und zu das Brot wieder mit Wasser einsprühen. 25-30 Min. bei 220°C backen.

Zutaten

250 g Weizenmehl Type 550
150 g Roggenmehl Type 997
200 ml lauwarmes Wasser
½ Würfel Hefe
1 TL Salz
Saaten nach Wahl

Mischbrot

Iris Korsmeier

Dinkel **1 ½ Min./Stufe 10** mahlen. Restliche Zutaten in den Mixtopf geben und **2-3 Min./Brotstufe** zu einem Teig kneten lassen.
30 Minuten gehen lassen. Backofen auf 250°C vorheizen, dann das Brot 10 Min. bei 250°C und ca. 40 Min. bei 200°C backen. Wasser in den Backofen beistellen!

Zutaten

- 300 g Dinkel
- 550-600 ml warmes Wasser,
- 400 g Weizenmehl
- 1 EL Salz
- 1 TL Zucker oder Honig
- 1 Würfel Hefe
- 1 MB Mischung verschieden Körner

Mischbrot sehr fein

Jeannette Semlin

Zutaten

- 150 g Brioche (franz. Mehl)
- 150 g Roggenmehl
- 200 g Weizen
- 4 MB lauwarmes Wasser
- 1 Würfel Hefe
- 2 TL Salz
- 1 TL Zucker

Weizen im Mixtopf auf **Stufe 10** mittelfein schroten. Alle Zutaten in den Mixtopf füllen, **10 Sek./Brotstufe** mit Hilfe des Spatels zu einem Hefeteig verarbeiten. Den fertigen Teig an einem warmen Ort (nicht im Ofen) 20 Min. gehen lassen, von Hand durchkneten. In eine gefettete Form füllen und nochmals 20 Min. gehen lassen, mit Mehl bestäuben und in den vorgeheizten Backofen stellen. Backzeit 20 Min. bei 250°C und dann 30 Min. bei 200°C.

Mischbrot Weigerdiro

Gabi Albuschat

Getreidemischung ca. **1 Min./Stufe 10** mahlen. Anschließend mit Buttermilch und lauwarmen Wasser **2 Min./37°C/Stufe 1** mischen und ca. 30 Min. im Topf quellen lassen. Weizenmehl, Roggenmehl, Hefe, Trockensauerteig, Salz, Wasser **3 Min./Brotstufe** verarbeiten. Im Mixtopf ca. ½ Std. gehen lassen und anschließend nochmals kurz durchkneten und dann in eine gefettete Kastenform füllen. Im vorgeheizten Backofen 30–40 Min. bei 200°C (Umluft 180°C) backen. Ca. 8 Min. vor Backzeitende das Brot aus der Form lösen und zu Ende backen.
Wasserschälchen mit in den Ofen stellen. Um eine schöne feste Kruste zu erzielen, ab und zu mit Wasser besprühen.

Zutaten

- 220 g Getreidemischung (Weizen, Gerste, Dinkel, Roggen)
- 200 ml Buttermilch
- 50 ml lauwarmen Wasser
- 100 g Weizenmehl Type 1050
- 130 g Roggenmehl Type 1150
- 1 Würfel Hefe
- 1TL Salz
- 1 TL Trockensauerteig
- 100 ml Wasser

mmmhh Lecker

Möhren-Brot

Melanie Conrads

Dinkel in den Mixtopf geben und **1 Min./Stufe 10** mahlen. Umfüllen. Möhren in Stücke schneiden und im Mixtopf **20 Sek./Stufe 9** zerkleinern. Milch, Hefe, Butter, Zucker und Salz zugeben und **1 ½ Min./37°C/Stufe 2** vermischen. Dinkel- und Weizenmehl zugeben und alles **3 Min./Brotstufe** zu einem Teig verarbeiten. Im Mixtopf ca. 50-60 Min. gehen lassen und nochmals durchkneten. Aus dem Mixtopf nehmen und in eine bemehlte Brotbackform füllen. Nochmals ca. 30 Min. gehen lassen, bis es sein Volumen verdoppelt hat. Den Backofen auf 220°C vorheizen. Das Brot in die mittlere Schiene schieben und 20 Min. bei 220°C vorbacken und dann den Ofen auf 180°C runter stellen, 20 bis 25 Min. zu Ende backen. Schälchen mit Wasser in den Ofen stellen, so bleibt das Brot schön saftig.

Zutaten

- 200 g Dinkel
- 200 ml lauwarme Milch
- 1 Würfel Hefe
- 1 TL Zucker
- 250 g Möhren
- 50 g Butter
- 1 TL Salz
- 300 g Weizenmehl Typ 1050

Müslibrot

Carmen Tehnsmann

Weizen auf 2 x **1 ½ Min./Stufe 10** mahlen. Restliche Zutaten zugeben und **4 Min./Brotstufe** verkneten. Im Mixtopf den Teig ca. 45 Min. gehen lassen und dann 50 Min. bei 180°C backen.

Zutaten

600 g Weizen
½ l lauwarmes Wasser
1 Würfel Hefe
250 g Müslimischung
10 g Zucker oder Honig
1 TL Salz
2 EL Öl

Müslibrot

Mechthild Bogoslaw

Dinkel und Weizen **1 Min./Stufe 10** mahlen. Hefe, Rübenkraut, Salz, Öl und Wasser zugeben und **3 Min./Brotstufe** verkneten. Restliche Zutaten zugeben und **30 Sek./Brotstufe** zu einem Teig verarbeiten. Kastenform mit Haferflocken ausstreuen, Teig einfüllen und 15 Min. bei 40°C gehen lassen. Dann bei 200°C ca. 35 Min backen.

Zutaten

100 g Dinkel
100 g Weizen (je 150 g Mehl Typ 405 und 1050)
1 Würfel Hefe
2 EL Rübenkraut
1 TL Salz
1 EL Öl
320-350 ml Wasser
je 20 g Haferflocken & Leinsamen
je 40 g Haselnuss- & Sonnenblumenkerne
50 g Rosinen

Unser Dank ...

geht an alle Helferinnen, die uns so tatkräftig bei der Umsetzung dieser Rezepte geholfen haben!

Tipp ...

In unserem 2. Teil von dem tollen Brotbackbuch N wie Nussbrot - Z wie Zwiebelbrot erwarten Sie weitere tolle Rezepte zum nachbacken.